ALLES NUR FASSADE?

TURIT FRÖBE

ALLES NUR FASSADE?

DAS BESTIMMUNGSBUCH FÜR MODERNE ARCHITEKTUR

DUMONT

Inhalt

Vorwort   6

Das Fenster in der modernen Architektur   8

Anleitung   14

Überblick Fenster
Fassaden mit unterschiedlichen Fensterformaten   16
Fassaden mit einem prägnanten Fensterformat   17
    Sonderformate   18
    Hochformate   20
    Querformate   22
    Quadrate   24
    Glasfassaden   26

Der Ausgangspunkt für die Moderne   28

Vormoderne	Jugendstil	**30**
Vormoderne	Reformarchitektur	**38**
20er Jahre	Neues Bauen	**50**
20er Jahre	Expressionismus	**60**
20er Jahre	Konservative Moderne	**68**
Nationalsozialismus		**76**
50er Jahre		**84**
60er Jahre		**96**
Brutalismus		**108**
70er Jahre		**112**
High-Tech		**124**
80er Jahre / Postmoderne		**128**
Dekonstruktivismus		**138**
90er Jahre		**142**
Gegenwart		**150**
Gegenwart	Neo-Stile	**158**
Glossar		**170**
Literaturauswahl		**174**
Bildnachweis		**175**

Vorwort

Den entscheidenden Denkanstoß für dieses Buch hat eine Bemerkung ausgelöst, die ein Student im Rahmen meiner Lehrtätigkeit an der Universität der Künste Berlin gemacht hat. Im Anschluss an eine lange Stadtwanderung bei strammen Minustemperaturen in Berlin-Mitte sagte er mir, er habe das Gefühl, dass die Architektur in meinem Beisein plötzlich lebendig werde, dass ich sie zum Sprechen bringen könne. Sobald er jedoch allein in der Stadt stünde, sei er wieder von toter Materie umgeben und alles sähe gleich aus. Da ich mich an ähnliche Erfahrungen aus meiner eigenen Annäherung an Architektur und Städtebau nur zu gut erinnern kann und weiß, wie lange es gedauert hat, bis ich in der Lage war, Architektur lesen zu können, habe ich begonnen darüber nachzudenken, wie sich dieser Prozess abkürzen ließe und welche Hilfestellungen ich geben könnte.

So habe ich in diesem Bestimmungsbuch die wichtigsten Merkmale, die ich als Architekturhistorikerin zur Beurteilung und Einordnung moderner Architektur heranziehe, offengelegt, mit einer Auswahl von Bildern und Stichworten illustriert und in kurzen Begleittexten beschrieben. Denn, sobald man weiß, was für die einzelnen Stile charakteristisch ist und wo man hinsehen muss, ist es eigentlich ganz einfach, Architektur zu bestimmen!

Da das Buch als Nachschlagewerk für die Benutzung im Stadtraum konzipiert ist, steht – anders als in Architekturpublikationen allgemein üblich – nicht das Herausragende und Besondere, sondern das Alltägliche im Mittelpunkt. Neben denkmalgeschützten Werken, die weitgehend im Originalzustand erhalten sind, werden Ihnen auch zahlreiche anonyme Alltagsarchitekturen begegnen, ganz so wie sie im Stadtraum zu finden sind – mit ausgetauschten Fenstern, „Sprossen in Aspik" und anderen Überformungen. Manchmal haben sich in den Stilkapiteln jedoch auch Gebäude „eingeschlichen", die bauhistorisch bedeutend sind, so dass sich Abbildungen oder Details berühmter Architektur-Ikonen gleichberechtigt neben unbekannten Gebäuden befinden können.

Alles nur Fassade? ist ein idealer Begleiter für jeden Stadtspaziergang. Es bedarf keinerlei Vorwissen, doch schon bald werden Sie sicherlich feststellen, dass Sie das Buch immer seltener benötigen, da Sie beginnen, Erfahrungswissen aufzubauen. Sie werden immer häufiger Charakteristika wiedererkennen, einen Blick für Details entwickeln und beobachten, wie lebendig Architektur wird, wenn man lernt, sie zu lesen.

Ich wünsche Ihnen, dass Sie viele unerwartete und bislang übersehene Schönheiten entdecken und die Erfahrung machen, dass eigentlich alles betrachtenswert ist.

Turit Fröbe

Das Fenster in der modernen Architektur

Das Fenster gilt als das Auge der Architektur. Es gestattet nicht nur im wörtlichen Sinn Ein- und Ausblicke, sondern kann auch Einsicht in das Wesen der Architektur geben. Wie aussagekräftig Fenster diesbezüglich tatsächlich sind, leuchtet sofort ein, wenn man an die Romanik mit ihren kleinen gedrungenen Bogenfenstern und an die Gotik mit den großen spitzbogigen Maßwerkfenstern denkt. Für die allgemeine Bestimmung und Einordnung von Architektur sind die Fenster – so charakteristisch sie zum Teil sein mögen – allerdings nicht unbedingt die erste Wahl. Zumindest für die Zeitspanne von der Antike bis zum Ende des 19. Jahrhunderts ist es viel einfacher, auf das Dekorations- und Gliederungssystem zurückzugreifen.

Als die Architekten jedoch um 1900 begannen, in Reaktion auf die historistische Fassadenarchitektur der Gründerzeit auf Dekor und schmückendes Beiwerk zu verzichten, wurden die Fenster zu einem eigenständigen Gestaltungsmittel und damit zu einem aussagekräftigen Charakteristikum für die Bestimmung moderner Architektur. Mit Ausnahme der 90er Jahre hat eigentlich jede Dekade eigene Fenstervorlieben entwickelt, was auch darauf zurückzuführen ist, dass im Laufe des 20. Jahrhunderts neue Materialien auf den Markt kamen und sich die Herstellung von Fensterglas veränderte.

Neue Materialien und Fertigungsmethoden

Nachdem Fenster jahrhundertelang traditionell Holzrahmen besaßen, entstanden Mitte des 19. Jahrhunderts im Industrie- und Gewächshausbau zunächst Gusseisen- und ab Ende des 19. Jahrhunderts Stahlrahmenfenster, die in den 20er Jahren schließlich auch den Wohnungsbau eroberten. In den 50er Jahren kamen Aluminium- und Kunststoffrahmen hinzu, die in den 60er Jahren ihren Siegeszug antraten und Holz als Rahmenmaterial immer mehr verdrängten. Ebenfalls ab 1900 änderten sich auch die Fertigungsprozesse für Fensterglas und brachten im Laufe des 20. Jahrhunderts mehrfach gravierende Veränderungen mit sich, die sich auch auf die Architektur auswirkten. So entstanden ab 1900 die ersten industriellen Verfahren, die die Glasproduktion revolutionierten und sukzessive dazu führten, dass es immer einfacher und preiswerter wurde, größere Glasflächen und unterschiedliche Glasstärken zu erzeugen. In den 50er Jahren begannen Verbund- und Isolierglas die bis dahin gängigen Einscheiben- oder Kastenfenster zu ersetzen, bis schließlich 1978 Isolierglas für Neubauten verpflichtend wurde.

Das Fenster als Gestaltungsmittel

Noch ehe sich die neuen Materialien und Fertigungsprozesse in der architektonischen Gestaltung niederschlagen konnten, waren die Fenster zu Beginn des 20. Jahrhunderts zu einem eigenständigen Gestaltungsmittel geworden. Bereits Jugendstilarchitekten hatten damit begonnen, unkonventionelle freie Fensterformate mit Sprossenkunstwerken zu verwenden und asymmetrische Fassadenkompositionen zu schaffen.

Als in der Reformarchitektur die nackte, ungestaltete Wand durch den Verzicht auf Dekor und schmückendes Beiwerk zu einem regelrechten Manifest wurde, traten die Prinzipien noch deutlicher in Erscheinung: Es wurde mit dem Paradigma der Fensterachse gebrochen, so dass die Fenster nicht mehr zwangsläufig vertikal übereinander gestapelt werden mussten, sondern buchstäblich aus der Reihe tanzen durften. Sie konnten unterschiedliche Größen und Formate erhalten und dort angeordnet werden, wo sie tatsächlich gebraucht wurden. Häufig traten Fensterklappen an die Stelle der traditionellen klassischen Fensterumrahmung und vermittelten zwischen Wand und Fenster. Zum wichtigsten Gestaltungselement wurden jedoch die Sprossen, die zusammen mit den freien Fenstersetzungen die Fassaden rhythmisierten und dynamisierten.

Die Reformarchitekten behielten das hochrechteckige Fenster bei, das jahrhundertelang das Standardformat gewesen war, begannen jedoch, die hochrechteckigen Grundformen zu querrechteckigen Großformaten oder Mehrflügelfenstern zusammenzusetzen, um durch die Aneinanderreihung eine bessere Belichtung zu erzielen.

Fenstervorlieben

Als sich in den 20er Jahren infolge der Wirtschaftskrise die Grundrisse und Raumhöhen erheblich verkleinerten, änderten sich notgedrungen auch die Fensterproportionen, da das hochrechteckige Format sehr viel kleiner hätte ausgeführt werden müssen – mit Auswirkungen auf den Lichteinfall. „Licht und Luft" waren jedoch zentrale Forderungen in der Architektur der 20er Jahre, so dass es naheliegend war, auf querrechteckige Formate zurückzugreifen, die nun vorherrschend wurden. Stahlrahmenfenster mit Industrieästhetik waren en vogue und es wurde nicht nur mit der Setzung auf der Fassade, sondern auch innerhalb der Wand gespielt. So wurden die Fenster bevorzugt bündig mit der Wand gesetzt, so dass beide zu einer durchgehenden Fläche verschmolzen.

Auch in der Entwicklung neuer Fenstertypen war das Neue Bauen produktiv: Typen wie das Band- oder das Eckfenster wurden in den 20er Jahren entwickelt. Das aus vielen Einzelfenstern zusammengesetzte Bandfenster war ein metropolitanes Gestaltungsmotiv, mit dem versucht wurde, die Dynamik des neuen Automobilverkehrs in eine fließende, horizontale Architekturform zu übertragen. Die Architektur adressierte sich erstmals nicht mehr an den Fußgänger, sondern an einen vorbeifahrenden Autofahrer.

Die radikalste Neuerung, die das Neue Bauen mit sich brachte, war jedoch die gläserne Vorhangfassade, auch *Curtain Wall* genannt, die über mehrere Etagen reichte und mit der die nicht tragenden Eigenschaften der Außenwände eine noch stärkere Inszenierung erfuhren als mit den Eck- oder Bandfenstern. Die Nationalsozialisten erstickten diese Neuerungen direkt nach der Machtübernahme im Keim und sorgten für eine Rückkehr zu hochrechteckigen Formaten und Holzrahmen. An öffentlichen Bauten verwendeten sie, wenn möglich, steinerne Mittelpfosten oder sogar Fensterkreuze sowie stark stilisierte klassische Fensterumrahmungen oder scharfkantige Faschen, die aus der Architektur der Neuen Sachlichkeit kamen.

In den 50ern und 80ern lässt sich eine gewisse Vorliebe für quadratische Fensterformate ausmachen, die jedoch gut voneinander unterscheidbar sind. Während die Fenster in den 50ern selten eine symmetrische, häufig eine asymmetrische oder auch keine Binnengliederung aufweisen konnten, waren Mittelkreuzstock-Gliederung oder Sprossen offenbar ein Tabu. In den 80er Jahren hingegen war es genau umgekehrt. Das beliebteste und allgegenwärtige Format wurde das quadratische Mittelkreuzstockfenster. Manchmal kamen Sprossen zur Anwendung und nur sehr kleine Fenster blieben ungegliedert.

Typisch für die Architektur der 60er Jahre wurde der Verzicht auf eine Binnengliederung zugunsten von Einscheibenfenstern, während es in den 70er Jahren eine Vorliebe für gerundete Ecken gab. Nachdem sich in den 90er Jahren keine explizite Vorliebe für bestimmte Fensterformate herausgebildet hat, erfreut sich in der Gegenwartsarchitektur das sogenannte „Schießschartenfenster", ein überdehntes Hochformat, großer Beliebtheit und existiert sowohl in der axialen als auch in der achsenverschobenen Setzung.

Die Binnengliederung

Neben der Form war auch, wie bereits mehrfach angeklungen ist, die Binnengliederung ein wichtiges Gestaltungselement. Bereits im Jugendstil und in der Reformarchitektur waren Sprossen zu einem zentralen dekorativen Element geworden, mit dem sich Fassaden rhythmisieren ließen. Auch im Expressionismus und in der Konservativen Moderne wurden Sprossen als ein beliebtes Gestaltungsmittel eingesetzt. Sie unterscheiden sich von denen des Jugendstils und der Reformarchitektur darin, dass sie auch bei hochrechteckigen Fenstern fast immer horizontal gelagert sind, während die älteren Sprossen in der Regel quadratisch oder vertikal orientiert waren.

In der Nachkriegszeit blieb der dekorative Charakter der Binnengliederung ein wichtiges Gestaltungselement. Zwar wurden keine Sprossen mehr verwendet – sie kamen erst im Zuge der Postmoderne in den 80er Jahren wieder auf –, aber an dem Prinzip änderte sich wenig. An die Stelle der Sprossen trat insbesondere in den Rasterfassaden der 50er Jahre das Spiel mit der Binnengliederung. Die Unterteilung in Fensterflügel, Ober- oder Unterlichter konnte symmetrisch oder asymmetrisch organisiert sein; der serielle Charakter wurde betont oder es wurde durch einfache Spiegelungen eine Rhythmisierung erreicht.

Während die Fassaden der 50er Jahre nicht zuletzt aufgrund ihrer Fenstergliederungen eine große Vielfalt bieten, gelten die Fassaden der 60er Jahre als langweiliger und monotoner, was auch auf das Fehlen von Binnengliederungen zurückzuführen ist. Jedoch auch in den 60er Jahren wurde durchaus bewusst mit dem Gestaltungselement „Fenster" umgegangen, wie das Beispiel eines Berliner Hochhauses zeigt (S. 11), dessen faszinierender Gestaltungskniff wahrscheinlich nur wenigen Passanten bewusst werden dürfte, auch wenn er eine spürbare Wirkung hat. Das Hochhaus besitzt in den unteren drei Etagen hochrechteckige und quadratische Fensterformate. In der vierten Etage kommt es zu einem kaum merklichen Wechsel: aus den hochrechteckigen Formaten werden quadratische und die quadratischen wechseln zu querrechteckigen. Dadurch entsteht die Andeutung eines Sockels, während die perspektivische Verkürzung nach oben hin durch die Stauchung der Fenster unterstrichen wird. Eine derartige Gestaltung ist sicherlich ein Einzelfall – sie zeigt jedoch, wie sehr es sich lohnt, bei der Betrachtung moderner Architektur ein besonderes Augenmerk auf die Fenster zu richten.

Das Fenster als Ausgangspunkt für die Architekturbestimmung

So sehr sich das Fenster als Ausgangspunkt für die Bestimmung und Einordnung moderner Architektur anbietet, sollte im Hinterkopf behalten werden, dass das charakteristischste Bauglied der modernen Architektur zugleich auch das schwächste ist. Im Zuge energetischer Sanierungsmaßnahmen werden seit Jahren Holzrahmen durch Kunststoff- oder Aluminiumrahmen ersetzt. Wenn auf Sprossen nicht sogar ganz verzichtet wird, werden sie auf die Scheibe geklebt oder zum Vereinfachen des Fensterputzens als „Sprossen in Aspik" zwischen die Isolierglasscheiben gelegt. All diese Eingriffe, auch wenn sie noch so sensibel durchgeführt werden, verändern den Charakter und das Aussehen der Architektur massiv. Deshalb können Fenster immer nur ein erster Anhaltspunkt sein. Für die weitere Einordnung ist es sinnvoll, zusätzliche Kriterien wie das Material, die Formensprache und gegebenenfalls den Siedlungsbau heranzuziehen. Manchmal gibt es jedoch auch Gebäude, die sich einer eindeutigen Bestimmung entziehen. Das liegt zum einen daran, dass die Architektur zwar Moden unterliegt, letztlich aber immer auch von den Launen der Architekten und Bauherren abhängt. Zum anderen kann es sein, dass Gebäude im Laufe der Zeit nachträglich so stark verändert oder überformt wurden, dass sie nur noch schwer lesbar sind. Meistens lässt sich in so einem Fall jedoch zumindest der letzte Eingriff datieren.

Anleitung

Vorbereitung
Suchen Sie sich ein Gebäude, über das Sie mehr erfahren möchten. Öffnen Sie nun die vordere Umschlagklappe, auf deren Innenseite Sie eine Übersicht aller Stile und der ihnen zugeordneten Farben finden. Lassen Sie die Klappe am besten während des gesamten Bestimmungsprozesses aufgeschlagen. Sie wird Ihnen helfen, sich im Buch zu orientieren.

1. Schritt: Verschaffen Sie sich einen ersten Überblick
Als Ausgangspunkt für die Bestimmung dienen die Fenster. Die erste Entscheidung, die es zu treffen gilt: Handelt es sich um eine Fassade mit unterschiedlichen Fensterformaten (▶ S. 16) oder dominiert ein bestimmter Fenstertyp (▶ S. 17)? Wählen Sie das Beispiel aus, das dem zu bestimmenden Gebäude am nächsten kommt. Finden Sie hier bereits konkrete Verweise auf einen oder mehrere Stile, können Sie direkt zu Schritt 3 übergehen.

Tipp: Ist einer der angegebenen Stil-Vorschläge **hervorgehoben**, ist die Wahrscheinlichkeit sehr groß, dass Sie hier fündig werden!

2. Schritt: Verfeinern Sie Ihre Auswahl
Haben Sie es mit einem prägnanten Fensterformat zu tun, grenzen Sie Ihre Auswahl zunächst weiter ein. Auf den Seiten 18 bis 27 finden Sie verschiedene Übersichten mit Sonderformaten, hochrechteckigen, querrechteckigen oder quadratischen Fenstern und Glasfassaden. Wählen Sie das entsprechende Format aus und schauen Sie sich dann die angegebenen Stile näher an.

3. Schritt: Bestimmen Sie den Stil
Finden Sie schrittweise heraus, welcher Stil zutrifft, indem Sie verschiedene Kriterien abgleichen. Los geht es mit den Fenstern (wobei natürlich immer nur eine Auswahl von Formaten wiedergegeben werden kann, weitere Typen finden Sie auf den übrigen Seiten des jeweiligen Kapitels), darauf folgen die für den jeweiligen Stil typischen Materialien und Formen. Jene Merkmale, die besonders charakteristisch sind, werden im Text **hervorgehoben**. Gab es in der Zeit relevante Entwicklungen in der Siedlungsgestaltung, werden diese näher beleuchtet, bevor abschließend jeweils eine Ikone der Zeit vorgestellt wird. Wenn Sie bei einem Stil mehrere Übereinstimmungen mit Ihrem Gebäude finden, sind Sie am Ziel angelangt!

> **Achtung:** In den 50er, 60er, 70er und 80er Jahren gibt es zusätzliche Übersichtsseiten zur DDR, da die Entwicklungen in Ost- und Westdeutschland zum Teil unterschiedlich oder leicht zeitversetzt verliefen!

Sollten Sie auf halber Strecke feststellen, dass Sie mit Ihrer Ausgangsvermutung nicht richtig lagen, da nicht bei allen Kriterien (Fenster, Material, Form) etwas Zutreffendes dabei ist, starten Sie den nächsten Abgleich. Der Farbcode und die Übersicht auf der Umschlagklappe helfen Ihnen dabei, schnell zum nächsten Stil zu wechseln.

Achtung, Neo-Falle!

Stoßen Sie auf den Button „Achtung, Neo-Falle!" könnte das unter Umständen bedeuten, dass Sie sich zu früh gefreut haben. Gegenwärtig feiern nämlich viele Baustile der Moderne ein fröhliches Revival. Schauen Sie besser noch einmal bei den ▶ Neo-Stilen ab Seite 158 nach!

Tipp: Grundsätzlich kann als Ausgangspunkt auch das Stichwortverzeichnis auf der rückwärtigen Umschlagklappe genutzt werden.

> **Hinweis:** Zwischen den Stilseiten finden Sie – mit einem gelben Dreieck gekennzeichnet – drei eingeschobene Kurzkapitel zum Brutalismus, zur High-Tech-Architektur und zum Dekonstruktivismus. Diese Stile lassen sich zeitlich nicht eindeutig einer Dekade zuordnen, sondern hatten jeweils längere Laufzeiten, wie z. B. der Brutalismus, der in den 50ern begann, in den 60ern seine Blütezeit hatte und bis in die 70er hinein nachwirkte. Genauso müsste eigentlich auch die Postmoderne behandelt werden: Sie hatte ihren Höhepunkt in den 80ern, wirkte aber noch in die 90er hinein, während ihre Wurzeln schon in den späten 60er Jahren lagen. Da es jedoch nicht möglich gewesen wäre, die Architektur der 80er Jahre ohne die Postmoderne zu erklären (während sich die der 60er Jahre durchaus ohne den Brutalismus beschreiben lässt), wurden die 80er Jahre und die Postmoderne zusammengefasst.

Überblick Fenster

Fassaden mit unterschiedlichen Fensterformaten

Unterschiedliche hochrechteckige Formate, große Raumhöhen
▶ Jugendstil
▶ Reformarchitektur

Skulpturale Fenster, freie Setzung
▶ Expressionismus
▶ Dekonstruktivismus

Mischtypen, serielle Setzung
▶ Neues Bauen
▶ 50er Jahre
▶ 60er Jahre
▶ 70er Jahre

Mischtypen, freie Setzung
▶ Jugendstil
▶ Reformarchitektur
▶ Neues Bauen
▶ Konservative Moderne
▶ 80er Jahre / Postmoderne
▶ 90er Jahre
▶ Gegenwart

Fassaden mit einem prägnanten Fensterformat

Sonderformate
▶ Auswahl S. 18/19

Hochformate
▶ Auswahl S. 20/21

Querformate
▶ Auswahl S. 22/23

Quadrate
▶ Auswahl S. 24/25

Glasfassaden
▶ Auswahl S. 26/27

SONDERFORMATE

Ovale Fenster
▶ Reformarchitektur

Fenster mit geschwungenen Sprossen
▶ Jugendstil

Eckfenster
▶ **Neues Bauen**
▶ 70er Jahre
▶ Gegenwart

Stahlrahmenfenster
▶ **Neues Bauen**
▶ **50er Jahre**
▶ 90er Jahre
▶ Gegenwart

Bullaugen
▶ **Neues Bauen**
▶ 50er Jahre
▶ 80er Jahre / Postmoderne

Bandfenster
▶ **Neues Bauen**
▶ **50er Jahre**
▶ 60er Jahre
▶ 70er Jahre
▶ 80er Jahre / Postmoderne
▶ Gegenwart

SONDERFORMATE

Gekrümmte Fenster
▶ Neues Bauen
▶ Gegenwart

Plastische Fenster
▶ Jugendstil
▶ **Expressionismus**
▶ Dekonstruktivismus

Gerundete Fenster
▶ 70er Jahre

  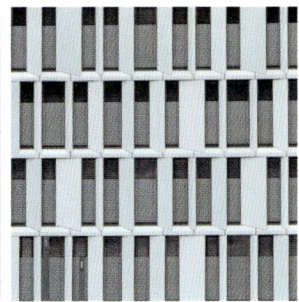

Polygonale oder frei geformte Fenster
▶ Jugendstil
▶ 70er Jahre
▶ **Dekonstruktivismus**

Ironische Formate
▶ 80er Jahre / Postmoderne

Schießschartenfenster
▶ Reformarchitektur
▶ **Gegenwart**

HOCHFORMATE

Konventionelle Formate

Klassische Rahmungen
▶ **Nationalsozialismus**
▶ 50er Jahre DDR

Galgenfenster
▶ Jugendstil
▶ Reformarchitektur
▶ Konservative Moderne
▶ Nationalsozialismus

Kreuzstockfenster
▶ Jugendstil
▶ **Reformarchitektur**
▶ Expressionismus
▶ Konservative Moderne
▶ Nationalsozialismus
▶ 50er Jahre DDR
▶ 80er Jahre / Postmoderne

Zweiflügelfenster mit Sprossen
▶ Jugendstil
▶ Reformarchitektur
▶ Expressionismus
▶ Konservative Moderne
▶ 80er Jahre / Postmoderne

Mittelkreuzstockfenster
▶ Reformarchitektur
▶ **Konservative Moderne**
▶ **Nationalsozialismus**
▶ 50er Jahre DDR

HOCHFORMATE

Fensterklappen
▶ Reformarchitektur
▶ Konservative Moderne
▶ Nationalsozialismus

Asymmetrische Binnengliederungen
▶ Neues Bauen
▶ **50er Jahre**

Einscheibenfenster
▶ 50er Jahre
▶ **60er Jahre**
▶ 90er Jahre
▶ Gegenwart

Scharfkantige Sandstein-Faschen (Umrahmungen)
▶ Expressionismus
▶ Konservative Moderne
▶ **Nationalsozialismus**
▶ 50er Jahre

Steinerne Fensterkreuze
▶ Nationalsozialismus

Zweiflügelfenster ohne Binnengliederung
▶ Nationalsozialismus
▶ 50er Jahre DDR
▶ 90er Jahre
▶ Gegenwart

QUERFORMATE

Dreiachsige Kreuzstockfenster
▶ Expressionismus
▶ Konservative Moderne

Mittelkreuzstockfenster
▶ Expressionismus
▶ Konservative Moderne

Zwei- oder Mehrflügelfenster mit Sprossen
▶ Reformarchitektur
▶ Expressionismus
▶ Konservative Moderne

Fensterklappen
▶ Reformarchitektur
▶ Konservative Moderne

Zwei- oder Mehrflügelfenster ohne Binnengliederung
▶ Neues Bauen
▶ **50er Jahre**
▶ 60er Jahre
▶ 70er Jahre
▶ 90er Jahre
▶ Gegenwart

QUERFORMATE

Fenster mit Sprossen-Rhythmik
▶ **Expressionismus**
▶ Konservative Moderne

Asymmetrische Fenstergruppen
▶ 80er Jahre / Postmoderne

Horizontale Gliederung

Eingespannte Fenster
▶ **Expressionismus**
▶ Konservative Moderne

Verbundene Fenster
▶ **Expressionismus**
▶ Konservative Moderne

QUADRATE

Mittelkreuzstockfenster
▶ Expressionismus
▶ Konservative Moderne
▶ **80er Jahre / Postmoderne**

Zweiflügelige Sprossenfenster
▶ **Reformarchitektur**
▶ 80er Jahre / Postmoderne

Zweiflügelfenster ohne Binnengliederung
▶ Neues Bauen
▶ 50er Jahre

Asymmetrische Binnengliederungen
▶ 50er Jahre

QUADRATE

Fensterklappen
▶ Reformarchitektur
▶ **Konservative Moderne**

Einscheibenfenster
▶ 50er Jahre
▶ 60er Jahre
▶ 70er Jahre
▶ 80er Jahre / Postmoderne
▶ Gegenwart

3 × 3 Sprossen
▶ 80er Jahre / Postmoderne

GLASFASSADEN

Glas-Eisen- / Glas-Stahl-Konstruktionen
▶ Jugendstil
▶ Reformarchitektur

Glas-Stahl-Vorhangfassaden
▶ Neues Bauen

Vorhangfassaden aus unregelmäßig zusammengesetzten Fensterelementen
▶ 50er Jahre

Vorhangfassaden aus regelmäßigen Fensterelementen
▶ 60er Jahre

Vollverglaste Rasterfassaden
▶ 50er Jahre

GLASFASSADEN

Plastische Glasfassaden
▶ 70er Jahre

Organische / futuristische Glasfassaden
▶ Dekonstruktivismus
▶ 90er Jahre
▶ Gegenwart

Spiegelglasfassaden
▶ 80er Jahre / Postmoderne
▶ 90er Jahre

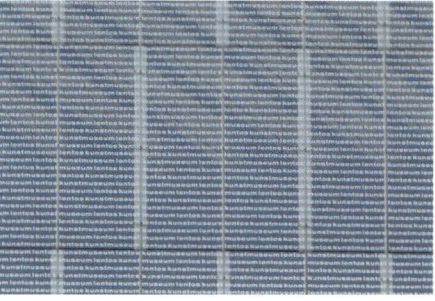

Medienfassaden
▶ Gegenwart

Der Ausgangspunkt für die Moderne

Die verhasste Gründerzeit

Die moderne Architektur des 20. Jahrhunderts ist in Opposition zur Architektur der Gründerzeit entstanden, die auf dem Höhepunkt der Industrialisierung zwischen 1871 und 1914 in der Regel ohne Beteiligung von Architekten entstanden war, um die Bevölkerungsmassen, die in die Städte strömten, unterzubringen. Eine Stadt wie Berlin hatte im 19. Jahrhundert seine Einwohnerzahl mehr als verzehnfacht und war von rund 173.000 Einwohnern im Jahr 1800 auf knapp 1,9 Millionen im Jahr 1900 angewachsen. Entsprechend katastrophal waren die Umstände insbesondere in den Arbeiterquartieren: die Wohnungen waren massiv überbelegt, die sanitären Verhältnisse desolat und oft staffelten sich mehrere enge Höfe hintereinander, in denen sich z. T. Manufakturen und Industriebetriebe befanden. Es war laut, dreckig, die Wohnungen waren schlecht belichtet und ließen sich nicht querlüften. Zur Straße erhielten die Häuser repräsentative Fassaden, die in Anlehnung an Palast- und Schlossfassaden mit historistischem Fertigstuck verziert wurden.

Um 1900 begannen Architekten, sich den Wohnungsbau zurückzuerobern, entwickelten am Stadtrand Landhauskolonien sowie Kleinhaussiedlungen und versuchten, die Probleme der Mietskaserne architektonisch zu lösen. Sie sagten dem Historismus des 19. Jahrhunderts mit seinen Neostilen (Neogotik, Neoromanik, Neorenaissance, Neobarock, Neoklassizismus usw.) den Kampf an, um eine neue, dem Zeitalter und seinen technischen Möglichkeiten entsprechende Architektursprache zu entwickeln.

Die wichtigsten Vorbilder

Für die Entwicklung der modernen Architektur gab es zwei maßgebliche Bezugspunkte, die prägend waren: zum einen die dekorationslose Architektur „um 1800", wie auch die gleichnamige Publikation von Paul Mebes hieß, die 1908 veröffentlicht worden war, und zum anderen die Beobachtungen von Camillo Sitte, die er 1889 in seiner Publikation *Der Städtebau nach seinen künstlerischen Grundsätzen* zusammengefasst hatte. Sitte kritisierte die „Motivarmut und Nüchternheit moderner Stadtanlagen" und die daraus resultierende Langeweile. In seinem Buch veranschaulichte er die „Beziehung zwischen Bauten, Monumenten und Plätzen" am Beispiel von mittelalterlichen Platz- und Stadtgestaltungen. Er postulierte einen **malerischen Städtebau** mit **unregelmäßigen, gekrümmten Straßenführungen und Platzanlagen** – eine Forderung, die insbesondere in den ersten Jahrzehnten des 20. Jahrhunderts zum Leitbild werden sollte und noch bis in die 50er Jahre nachwirkte.

Paul Mebes hatte sich in seiner Publikation *Um 1800* auf die norddeutsche **undekorierte Backsteinarchitektur** mit ihren **geschlämmten Fassaden**, den großformatigen eisenbeschlagenen **Holzfenstern** und **Fensterklappen** bezogen (oben links). Zum Urbild dieser Architektur wurde Goethes Gartenhaus in Weimar (oben rechts) mit seinem steilen Walmdach, den kleinen Fensteröffnungen und den **Rosenspalieren**.

Jugendstil

Nie war Architektur bunter, verspielter und eigenwilliger als im Jugendstil, der auch „Art Nouveau" oder „Secession" genannt wurde und zwischen 1890 und 1910 seine Blütezeit hatte. Es handelt sich dabei jedoch keineswegs um einen geschlossenen Stil, sondern um eine Bewegung mit großen lokalen Unterschieden: Während die Formen in Brüssel verspielt und ekstatisch erscheinen, sind sie in Prag und Wien eher geometrisch und klar; in Berlin dagegen monumental und schwer. Aber auch innerhalb der einzelnen Zentren ist das Spektrum so unterschiedlich, dass kaum generalisierende Aussagen möglich sind – und das war durchaus gewollt! Es ging den Künstlern nicht darum, einen reproduzierbaren Stil zu entwickeln, sondern sie schufen bewusst individuelle Unikate, um auf diese Weise die verhasste Gründerzeitarchitektur mit ihrer schematisierten Nachahmung historischer Stile zu überwinden und mittels Architektur und Gebrauchsdesign Kunst und Alltag miteinander zu versöhnen.

Die Fenster begannen im Jugendstil ein Eigenleben zu führen und zu einem eigenständigen Gestaltungselement zu werden. Es konnte sich um vollkommen **frei gestaltete Formen** handeln, die selbst dekorativen Charakter erhielten und **asymmetrisch frei gesetzt** wurden oder die Fassaden großflächig auflösten. Es ließen sich aber auch **konventionelle Formate** (Kreuzstock-, Galgen- oder Zweiflügelfenster) in serieller Setzung so verwenden, dass sie radikal mit den Sehgewohnheiten brachen, wie das Beispiel von Otto Wagners Majolikahaus zeigt (gegenüber unten rechts). Der Architekt verzichtete auf jegliche Fensterrahmung, die in der historistischen Architektur unverzichtbarer Träger des Dekors war, und behandelte stattdessen die Wand als dekorative Tapete, in die die Fenster unvermittelt eingesetzt wurden. Auch Bleiglasfenster erfreuten sich großer Beliebtheit, genauso wie plastisch geformte Blumenfenster.

Eine wichtige Bedeutung kommt den **Fenstersprossen** zu. Sie konnten orthogonal (quadratisch oder hochrechteckig) oder geschwungen gestaltet und zu aufwendigen Rhythmen gefügt sein.

FENSTER

AUFGELÖSTE FASSADEN

FREI GEFORMTE FENSTER

SPROSSEN-RHYTHMIK

GESCHWUNGENE SPROSSEN

PLASTISCHE FENSTER

FREIE SETZUNG

BLEIGLASFENSTER

KONVENTIONELLE FORMATE

MATERIAL

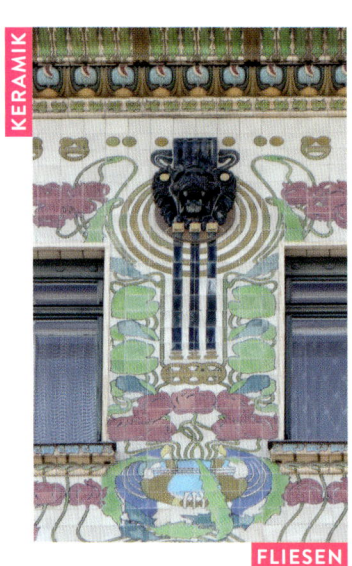

KERAMIK

FLIESEN

GLASIERTE ZIEGEL

BLATTGOLD

Da die Jugendstilkünstler zum Gesamtkunstwerk tendierten und alle erdenklichen Kunstgattungen in ihre Architekturen einbezogen, sind ihre Gebäude von einer großen Materialvielfalt geprägt. Die Künstler verwendeten **Fliesen**, **Keramik**, **Ziegel**, **Blattgold**, **Buntglas**, Kupfer, Eisen, Granit, Naturstein, aber auch **Glas-Stahl-** oder **Glas-Eisen-Konstruktionen**. Sie integrierten **Mosaiken**, **Wandmalereien** und **Reliefs** in ihre Gebäude und machten ihre Architekturen zu individuellen, farbenfrohen Unikaten.

Ornamente wurden häufig flächig verwendet; manchmal wurde die gesamte Wand wie eine Tapete behandelt und bemalt, gekachelt, stuckiert oder mit **gekämmtem Putz** verziert.

MATERIAL

FORM

FRAUENSTATUEN

FLIESSENDE LINIEN

TIERDARSTELLUNGEN

DEKORATIVE ORNAMENTE

FLORALE ORNAMENTE

Ornamentik

Die Jugendstilkünstler verwendeten mit Vorliebe dekorative **fließende Linien** und **florale Ornamente**. Häufig wurden Naturformen – **Bäume**, **Ranken**, **Blüten** und **Tiere** –, die in den Städten seinerzeit in immer weitere Ferne rückten, in die Gestaltung integriert und somit in den urbanen Raum zurückgebracht. Auch **Frauengestalten** wurden zu einem beliebten Bauschmuck.

FORM

Zu den wichtigsten Neuerungen der Vormoderne und auch des Jugendstils gehörte die Möglichkeit, **Fassaden asymmetrisch** und mit **variierenden Fensterformaten** anlegen zu können. Häufig blieb es jedoch bei reinen Fassadengestaltungen und relativ konventionellen Gebäudegliederungen, da die Ablösung vom Historismus eher durch die Erfindung immer neuer oberflächlicher Gestaltungsmuster und weniger von innen heraus vollzogen wurde, wie es in der Reformarchitektur der Fall sein sollte (▶ S. 38). Im Berliner Jugendstil, der außergewöhnlich monumental war und mit geböschten Formen und Natursteinverkleidung arbeitete, wurde die klassische Gliederung sogar noch explizit betont (unten rechts).

ASYMMETRIE

FREIE FENSTERSETZUNG

UNTERSCHIEDLICHE FENSTERFORMATE

MONUMENTALITÄT

IKONE

Die Wiener Secession (1898)

Die Wiener Secession wurde 1897 von vierzig Künstlern, darunter Gustav Klimt, Koloman Moser, Josef Hoffmann und Joseph Maria Olbrich, als Abspaltung vom Wiener Künstlerhaus gegründet – mit dem Ziel, den Historismus zu überwinden. Ein Jahr später wurde das gleichnamige, von Joseph Maria Olbrich entworfene Ausstellungsgebäude als gebautes Manifest der Künstlervereinigung, die sich der Moderne verschrieben hatte, errichtet.

Die Secession besteht aus einem kurzen Kopfbau, der als Entree fungiert, und einer größeren Ausstellungshalle, die sich dahinter anschließt. Der Kopfbau ist zwar nicht besonders groß, aber dennoch monumental, was an der strengen Axialität und den breiten geböschten, archaisch wirkenden Pylonen mit ihren fast leeren Frontwänden liegt, die den zurückgesetzten Eingang flankieren. Plastischer Schmuck und Ornamentflächen konzentrieren sich auf den Eingangsbereich und die Gebäudeecken. Bekrönt wird die Anlage durch eine große schmiedeeiserne Kugel aus vergoldetem Lorbeer-Blattwerk, die zwischen vier kurzen Pylonen aufgehängt wurde.

IKONE

VORMODERNE

Reformarchitektur

Um 1900 kristallisierten sich neben dem Jugendstil verschiedene Tendenzen heraus, die darauf abzielten, die schematisch dekorierte historische Gründerzeitarchitektur zu überwinden und eine neue Formensprache zu entwickeln.

Die von der Heimatschutzbewegung inspirierten Reformarchitekten versuchten, die Architektur mit einem Rückgriff auf traditionelle Bauformen und Materialien zu erneuern. Wichtigstes Vorbild wurde die dekorationslose Architektur „um 1800" (▷ S. 29). **Fensterklappen**, **Sprossen**, geschlämmte Backsteinwände sowie die Verwendung regionaler Materialien sind für die Zeit ebenso charakteristisch wie asymmetrische, pittoreske Fassadenkompositionen mit Erkern, Ausluchten, Blumenfenstern, Fledermausgauben oder ovalen Fenstern.

Im Büro- und Geschäftshausbau wurde das Repertoire historischer Motive neu interpretiert. Typisch waren Pfeilerfassaden mit **„Schießschartenfenstern"**, sehr schlanken hochrechteckigen Fensterformaten. Ebenfalls in der Zeit vor dem Ersten Weltkrieg entstand der Reduktionsstil, ein monumentaler, stark reduzierter Neoklassizismus, der später von den Nationalsozialisten aufgenommen und weiterentwickelt wurde.

Die Fenster begannen in der Reformarchitektur, ähnlich wie im Jugendstil, zunehmend ein Eigenleben zu führen und aus der Reihe zu tanzen. Sie mussten nicht mehr axial angeordnet werden, sondern konnten **frei gesetzt** und **unterschiedlich formatiert** werden. So entstanden individuell komponierte Fassaden, in denen das Fenster zu einem echten Gestaltungselement wurde – unterstützt durch kunstvolle Sprossengliederungen, die die Fassaden rhythmisierten und an die Stelle des Dekors traten. Die Fenster waren in der Regel **weiß** gestrichen und häufig sehr **klein**, weil schummrige Räume in der Zeit als gemütlich galten. Zu den beliebtesten Formen zählten die **konventionellen Formate**, insbesondere aber **Kreuzstock-**, **Zwei-** oder **Mehrflügelfenster**; seltener waren Mittelkreuzstock- und Segmentbogenfenster. Wenn quadratische Fenster zur Anwendung kamen, waren es in der Regel zweiflügelige Sprossenfenster. Wie im Jugendstil waren die Sprossen quadratisch oder hochrechteckig.

FENSTER

FLEDERMAUS-GAUBEN

OVALE FENSTER

KLEINE FENSTERÖFFNUNGEN

WEISSE RAHMEN

FENSTERKLAPPEN

SCHIESSSCHARTENFENSTER

ZWEI- ODER MEHRFLÜGELFENSTER

KREUZSTOCK-FENSTER

SPROSSEN

BLUMENFENSTER

FREIE SETZUNG

UNTERSCHIEDLICHE FORMATE

MATERIAL

BLENDFACHWERK

ROSENSPALIERE

DACHZIEGEL

PERGOLEN

GEKÄMMTER PUTZ

BRUCHSTEIN

MATERIAL

NATURSTEIN

BETON

SCHIEFER

KLINKER MIT FEHLBRAND

Typisch für die Reformarchitektur sind gekämmter oder glatter **Putz** und die Verwendung heimischer Materialien wie **Sichtklinker** (z. T. mit unregelmäßigem Fehlbrand), Schiefer- oder Natursteinverkleidungen (geschliffen oder in Bruchsteinoptik). Mit Vorliebe wurden **Fensterklappen**, **Rosenspaliere**, hölzerne **Pergolen** oder **Blendfachwerk** verwendet. Es wurde aber auch schon mit Sichtbeton experimentiert. Charakteristisch für die Zeit sind außerdem tiefgezogene Dächer oder geziegelte Vordächer.

FORM

Land- und Kleinhausbau

Die Reformarchitekten waren angetreten, um die Probleme der Gründerzeit zu lösen. Der Trend führte raus aus der überfüllten Stadt an den Stadtrand. Die beliebteste Bauaufgabe waren Landhäuser und Kleinhaussiedlungen.

Landhäuser wurden als Gegenmodell zur streng symmetrischen und formal-repräsentativen Villa gebaut. Charakteristisch für diesen Bautyp sind der **unregelmäßige Grundriss** und eine Raumnutzung, die von außen ablesbar ist. Wie für den Kleinhaus- und Reihenhausbau am Stadtrand sind **undekorierte Wände** mit **frei gesetzten Fenstern** unterschiedlichster Formate typisch. **Erker**, Ausluchten, **Blumenfenster**, **Pergolen**, **Rosenspaliere** oder **Fensterklappen** unterstützen die **pittoreske Komposition**.

UNREGELMÄSSIGE GRUNDRISSE

UNDEKORIERTE WÄNDE

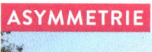

ASYMMETRIE

ERKER

FORM

GEKURVTE WEGE · **AUFGELÖSTE BLOCKFORMEN**

LANDHAUS-DEKORATIONEN

LÄNDLICH-PITTORESKE MOTIVE

ASYMMETRIE

Reformmietshausbau

Auch innerstädtisch eroberten sich Architekten das Feld des Wohnungsbaus zurück und waren bestrebt, die Probleme der Mietskaserne (▶ S. 28) zu lösen. Sie griffen auf **Motive der ländlichen Architektur** zurück oder versuchten, die geschlossene Blockform aufzubrechen. Anstelle eines konventionellen Mietshauses mit hintereinander gestaffelten Höfen gestaltete Paul Mebes 1908 eine unregelmäßig geschnittene Anlage mit gekurvten Wegen, die sich um einen Platz gruppiert (oben links). Albert Gessner arbeitete mit **Pergolen**, **Rankgittern** und systematischer **Fassadenbegrünung** in der Stadt (oben rechts).

> **Achtung, Verwechslungsgefahr:** Nach dem Zweiten Weltkrieg haben viele Hauseigentümer ihren Stuck abgeschlagen – angeblich wurden von einigen Städten sogar „Entstuckungsprämien" gezahlt, um ein moderneres Stadtbild zu erzielen. Zudem schlugen sich Fassadenkompositionen der Reformarchitekten ab ca. 1905 auch als Mode im konventionellen Mietskasernenbau nieder, ohne dabei Auswirkungen auf die Grundrissgestaltung zu haben.

FORM

Pfeilerfassaden

Einen ganz eigenen Charakter, der sich stark von dem der Wohnhausarchitektur unterscheidet, haben die Büro- und Geschäftshäuser. Es handelt sich meistens um stark **vertikal** gegliederte Pfeilerfassaden, deren Wände häufig durch **„Schießschartenfenster"**, sehr schlanke hochrechteckige Formate, fast vollständig aufgelöst erscheinen. In der Fassadengestaltung wurde oft auf eine historisierende Formensprache zurückgegriffen, die jedoch modernisiert und weiterentwickelt wurde. Typisch sind gotisierende Strebepfeiler oder extrem überdehnte klassische Säulen. Doch auch horizontal angelegte Gliederungen sind möglich.

FORM

MONUMENTALITÄT

REDUZIERTER KLASSIZISMUS

PFEILERPORTIKEN

SCHEMATISIERUNGEN

ACHTUNG NEO FALLE!

Reduktionsstil

Der Reduktionsstil, auch Reduktionsklassizismus genannt, hat seine Wurzeln in der Zeit vor dem Ersten Weltkrieg. Charakteristisch für ihn ist eine zugrunde liegende **neoklassizistische Formensprache**, die stark **vereinfacht**, **schematisiert** und **monumentalisiert** wurde. Zu einem Prototypen wurde Peter Behrens' Mannesmann-Gebäude in Düsseldorf von 1911/12 (oben links), das zugleich Blaupause für den modernen Bürohausbau mit flexiblem Grundriss werden sollte. Typisch für den Reduktionsstil ist die Verwendung von glatten **Natursteinverkleidungen**.

> **Achtung, Verwechslungsgefahr:** Der Reduktionsklassizismus erfreute sich auch in den 20er Jahren einiger Beliebtheit (▶ S. 73) und wurde schließlich von den Nationalsozialisten zum Hauptstil deklariert, wobei sie ihn weiter vereinfachten, seinen Maßstab massiv veränderten und pathetisch monumental aufbliesen (▶ S. 76).

SIEDLUNGEN

Die Gartenstadtidee

Die Gartenstadtidee war Ende des 19. Jahrhunderts in England als Reaktion auf die Missstände, die die Industrialisierung in den Großstädten mit sich brachte, entstanden. Gartenstädte sollten im Umkreis von größeren Städten angelegt werden und den Vorzug des Lebens auf dem Land mit der Nähe zum kulturellen Angebot der Großstadt vereinen.

1902 wurde die Deutsche Gartenstadt-Gesellschaft (DGG) gegründet mit dem Ziel, durch Genossenschaftsmodelle die Bodenspekulation zu verhindern und die Miet-, Pacht- und Kaufpreise niedrig zu halten. Typisch für die Idee der Gartenstadt waren Einfamilien-, **Doppel-** und **Reihenhäuser**, **gekrümmte Straßen** nach dem Vorbild Camillo Sittes (▶ S. 29), eine **rückwärtige Fußgängererschließung** und **Privatgärten** zur Selbstversorgung.

Ursprünglich stand eine sozialreformerische Idee im Zentrum der Gartenstadtplanungen, die jedoch in der Realität schnell verloren ging, so dass es sich bei den meisten Anlagen um normale Vorortsiedlungen handelt. Als einzige echte deutsche Gartenstadt gilt die Gartenstadt Hellerau, die heute zu Dresden gehört.

PITTORESKE GESTALTUNGEN

GEKURVTE STRASSEN

SIEDLUNGEN

REIHENHÄUSER

PRIVATGÄRTEN

FUSSGÄNGERERSCHLIESSUNGEN

Die Gartenstadt Hellerau (1908–1914)

Hellerau war eine Sozialutopie und ein Gesamtkunstwerk, das untrennbar mit der Persönlichkeit Wolf Dohrns verbunden war. Dohrn war Gründungsmitglied des Deutschen Werkbundes (S. 49) und von 1908 bis 1910 dessen Erster Sekretär. Zusammen mit dem Industriellen Karl Schmidt gründete er außerhalb von Dresden eine kleine Fabrik, die „Deutschen Werkstätten für Handwerkskunst", und verschrieb sie den Werkbund-Ideen. Ziel war es, „die Enthumanisierung der industriellen Fertigung aufzuhalten und dem Arbeiter Schaffensfreude und Arbeitsstolz zurückzugeben. Er sollte nicht nur im Zuge der ästhetischen Reform Schönes herstellen, sondern selbst am kulturellen Sozialisierungsprozeß teilhaben." Um die „Werkstätten" herum wurde auf einem idyllischen Hügel die Gartenstadt Hellerau errichtet, die namhafte Architekten aus dem Werkbund-Kreis gestalteten.

Geistiges Zentrum der Gartenstadt war das sogenannte Festspielhaus (S. 45 unten links), in dem in den Jahren vor dem Ersten Weltkrieg das Tanztheater revolutioniert wurde und das anlässlich der Sommerfestspiele Gäste aus der ganzen Welt anlockte.

IKONE

Die AEG-Turbinenhalle (1908/09)

Die Turbinenhalle von Peter Behrens gehört zu den bedeutendsten Ikonen der europäischen Baugeschichte, weil hier der Industriebau, der bis zu diesem Zeitpunkt kein eigenständiger Bautypus gewesen war und in der Regel mit Zinnen und Türmchen dekoriert wurde, zum ersten Mal eine eigene Formensprache erhielt.

Behrens war seit 1907 bei der AEG als künstlerischer Berater angestellt und gestaltete das Corporate Design des Unternehmens vom Firmenlogo bis zu den Gebäuden. Er schuf einen „Tempel der Arbeit" aus Beton, Glas und Eisen, der ohne aufgesetzte Dekoration auskam. Behrens legte die wichtigsten Konstruktionselemente, die 22 Eisenbinder der 123 Meter langen Wand sowie ihre Gelenke (unten) frei und inszenierte sie in ihrer seriellen Wiederholung. Die Stirnseite des „modernen Tempels" wurde aus einer zentralen tragenden Glas-Eisen-Front gebildet, die zwischen zwei mächtigen, aber nicht tragenden, gebänderten und geböschten Beton-Pylonen eingespannt ist und einen geknickten Giebel trägt, der sowohl Assoziationen an einen griechischen Tempel als auch an industrielle Formen – eine Schraube oder den Kopf eines Hammers – zulässt.

IKONE

Der Deutsche Werkbund

Inspiriert durch die englische Arts-and-Crafts-Bewegung gründete ein Zusammenschluss von zwölf namhaften Künstlern und zwölf Unternehmen 1907 den Deutschen Werkbund. Erklärtes Ziel war es, dem Qualitätsverfall des verkitschten, billigen Kunstgewerbes entgegenzuwirken und eine der industriellen Produktion angemessene Gestaltungsweise zu entwickeln, die sich durch Ornamentlosigkeit auszeichnet. So wurde der Anspruch formuliert, vom „Sofakissen bis zum Städtebau" die gesamte Spanne des Alltagsdesigns bis zur Architektur in einem modernen Stil von „epochaler Dauerhaftigkeit" zu etablieren und mit „gut" geformten Objekten die Bevölkerung kulturell zu „erziehen".

Mustergültig war in diesem Sinne Peter Behrens' Engagement als künstlerischer Berater für die AEG, aber auch die Entwicklung der Gartenstadt Hellerau (S. 47), die in Zusammenarbeit mit dem Gründungssekretär des Deutschen Werkbundes, Wolf Dohrn, und den Deutschen Werkstätten in Dresden als Arbeitersiedlung angelegt wurde.

20er JAHRE

Neues Bauen

Fast zeitgleich wurde in Deutschland, Frankreich, Russland und den Niederlanden eine neue Formensprache entwickelt, die als „Neues Bauen", aber auch „Internationaler Stil", „Neue Sachlichkeit", „Klassische Moderne" oder „Weiße Moderne" Eingang in die Architekturgeschichte fand. Das Neue Bauen war in den 20er Jahren die konsequenteste Abkehr von der historistischen Fassadenarchitektur der Gründerzeit und bildete mit seinen weißen Kuben, Flachdächern, **Stahlrahmenfenstern** und dem vollständigen Verzicht auf Dekor einen massiven Angriff auf die Sehgewohnheiten der Zeitgenossen.

Zu den wichtigsten Charakteristika des Neuen Bauens gehört die **Betonung der Horizontalen**. Da infolge von Wohnungsnot und Wirtschaftskrise die Wohnungen kleiner und die Geschosse niedriger werden mussten, wurden quadratische und **querrechteckige Fenster** zum bestimmenden Format (häufig handelte es sich um Zwei- und Dreiflügelfenster; Einscheibenfenster waren noch sehr selten). Neu erfunden wurde das **Bandfenster** – ein großstädtisches Motiv, das die Dynamik der Autofahrt in die Architektur übersetzte. Beliebt war das Bandfenster auch, weil es – wie die **gläserne Vorhangfassade** und das (gekrümmte oder geradlinige) **Eckfenster**, das ebenfalls als Erfindung der 20er Jahre gilt – die nicht tragende Eigenschaft der Fassade betont.

Eine wichtige Referenz für die Gestaltung und Gebäudeorganisation des Neuen Bauens war der Ozeandampfer, der sich mit Sonnendeck, Reling und **Bullaugen** auch als Motiv in der Architektur spiegelt.

Im Neuen Bauen kamen Mischtypen mit unterschiedlichen Fensterformaten zur Anwendung, die die Raumnutzung dahinter ablesbar machen. Im Geschosswohnungsbau wurden serielle, im Privathausbau freie Setzungen bevorzugt. Dominierendes Material war immer noch **Holz**; im Privathausbau oder bei öffentlichen Gebäuden kamen **Stahlrahmenfenster** zur Anwendung, die mit Vorliebe **bündig mit der Wand** gesetzt wurden. Binnengliederungen konnten sowohl symmetrisch als auch asymmetrisch, mit und ohne Oberlicht gestaltet werden.

FENSTER

MATERIAL

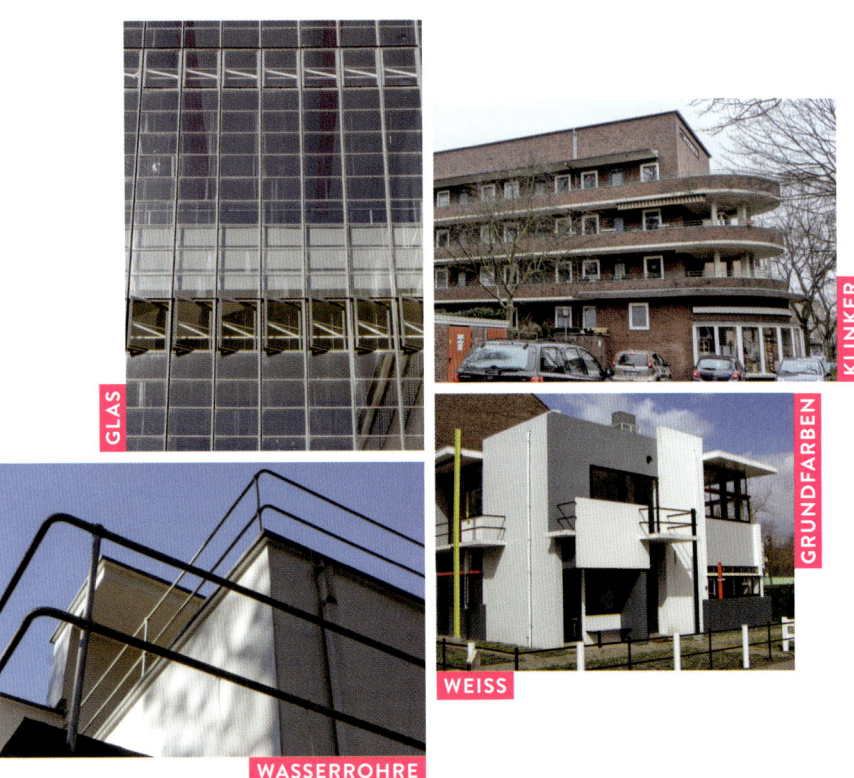

Mit dem Neuen Bauen wird in erster Linie **verputzter Stahlbeton** assoziiert. Es kamen jedoch auch Glas-Stahl-Fassaden und vereinzelt Natursteinverkleidungen zur Anwendung. Ende der 20er Jahre entstanden außerdem Klinkerbauten, die die Formensprache des Neuen Bauens aufgriffen und eine Brücke zum ▶ Expressionismus schlugen, der ursprünglich ein Antipode zum Neuen Bauen war.

Für Balkonbrüstungen und Geländer wurden mit Vorliebe standardisierte **Wasserrohre** verwendet und auch die Erfindung des **Glasbausteins**, der es ermöglichte, Wand und Fenster als Einheit zu gestalten, fand begeisterte Anhänger.

MATERIAL

Farben

Das Neue Bauen, das sich auch als „Weiße Moderne" in den Köpfen festgesetzt hat, war in Wirklichkeit viel weniger **weiß** als es heute oft den Anschein erweckt. Le Corbusier entwickelte bereits in den 20er Jahren seine „Farbklaviaturen", die er sowohl im Innen- als auch im Außenraum einsetzte (unten rechts), um z. B. Volumenwirkungen zu verstärken oder aufzulösen. Die niederländische De Stijl-Bewegung hatte sich Piet Mondrians **Grundfarben**spektrum Rot, Gelb, Blau, Grau, Schwarz, Weiß verschrieben (gegenüber unten rechts), das auch die Bauhaus-Künstler übernahmen. In Berlin und Magdeburg arbeitete Bruno Taut programmatisch mit Farbe anstelle von Dekor (oben rechts).

GLASBAUSTEINE

FARBE STATT DEKOR

NATURSTEIN

AUFGELÖSTE VOLUMEN

FORM

Vollplastische Architektur

Das Neue Bauen bedeutete die endgültige Abkehr von der Fassadenarchitektur mit nur einer Schauseite. Die Architekturen wurden als **skulpturale** Gebilde, die sich erst in der Bewegung des Betrachters vollständig erschließen, mit einer stark **horizontalen Gliederung** konzipiert. Sie wurden mit Vorliebe in der Übereckansicht präsentiert und manchmal sogar von Pilotis (Pfeilern) in die Luft gehoben und mit Dachgärten bekrönt, die zuweilen an das Deck von Ozeandampfern erinnern.

Einige Architekten machten den Grundriss im Außenbau programmatisch ablesbar, wie z. B. Walter Gropius in seinen Meisterhäusern in Dessau (oben rechts). Andere verschachtelten die Räume kunstvoll innerhalb einer geschlossenen Box, wie z. B. Le Corbusier in seiner Villa Savoye (unten rechts).

FORM

SERIELLER RHYTHMUS

HORIZONTALE DYNAMIK

LAUBENGÄNGE

SERIELL GEREIHTE REIHENHÄUSER

Standardisierung

Speziell im sozialen Wohnungsbau drehte sich alles um das Thema Standardisierung und serielle Fertigung. Gebäude sollten nach Möglichkeit wie das T-Modell von Ford am Fließband vorfabriziert und auf der Baustelle montiert werden. Entsprechend wichtig war die **serielle Reihung** auch als Motiv in der Architektur.

Im Neuen Bauen wurde auch der **Laubengang** als neue Erschließungsform entwickelt, der bis in die 70er Jahre ein beliebtes Motiv der Moderne bleiben sollte. Jeder Bewohner erhielt seinen privaten Eingang; dunkle Erschließungskorridore wurden vermieden, Querlüftung und sozialer Austausch möglich (▶ S. 91, ▶ S. 100, ▶ S. 117).

SIEDLUNGEN

Da die Wohnungsnot infolge massiver Landflucht groß und der private Wohnungsbau durch die Inflation fast zum Erliegen gekommen war, wurde in der Weimarer Republik der Großsiedlungsbau zur zentralen Bauaufgabe. Grundlage für den Siedlungsbau war immer noch die Gartenstadtidee (▶ S. 46). Es dominierten **gekurvte Straßenführungen** nach dem Vorbild Camillo Sittes (▶ S. 29) und in den frühen Anlagen rückwärtige **Fußgängererschließungen** zwischen den Privatgärten. Bestanden die frühen Siedlungen des Neuen Bauens noch aus Reihen- und Doppelhäusern mit Privatgärten zur Selbstversorgung, wurde in den späteren Siedlungen durch **Geschosswohnungsbau** und **fließendes Gemeinschaftsgrün** bereits auf Verdichtung gesetzt.

Eckgebäude haben im Neuen Bauen eine besondere Betonung erfahren. Die Ecken wurden immer plastisch behandelt und inszenierten das Aufeinanderprallen der Wohnblöcke, indem man beispielsweise eingeschossige Läden als Bindeglied dazwischen setzte.

BETONTE ECKEN

SIEDLUNGEN

GEKURVTE STRASSEN
ZEILENBAUTEN

PRIVATGÄRTEN

FUSSGÄNGERERSCHLIESSUNGEN

GEMEINSCHAFTSGRÜN

Zeilenbau

Charakteristisch für das Neue Bauen wurde die Zeilenbauweise, die eine Abkehr von der geschlossenen Blockrandbebauung und eine optimale Ausrichtung auf Luftzufuhr und Sonnenlicht bedeutete. Zeilenbauten wurden **quer zur Straße** hin angeordnet, **durch Fußgängerwege** erschlossen und konnten an den Stirnseiten durch niedrigere Ladenpavillons verbunden werden. Die Zeilenbauweise eignete sich sowohl für Doppel- oder Reihenhäuser als auch für Bauten in Geschossbauweise. Sie wurde charakteristisch für die Moderne und verbreitete sich insbesondere in den 50er (▶ S. 90) und 60er Jahren (▶ S. 96).

IKONE

Das Bauhaus-Gebäude in Dessau (1925/26)

Das 1919 gegründete Bauhaus ist nicht nur als Kunstschule, sondern auch als architektonische Ikone berühmt geworden. Nachdem die Schule 1925 durch die Nationalsozialisten aus Weimar vertrieben worden war, siedelte sie 1926 in das von Walter Gropius entworfene Gebäude nach Dessau um.

Das Schulgebäude besteht aus fünf verschiedenen Volumen, die jeweils unterschiedlich genutzt wurden und einen entsprechend eigenständigen architektonischen Charakter haben. Sie wurden zu einer skulpturalen Anlage verbunden, die sich dem Betrachter erst in der Bewegung vollständig erschließt. Kernstück der Anlage ist das Werkstattgebäude mit seiner dreigeschossigen Glas-Stahl-Vorhangfassade (*Curtain Wall*), die für Aufsehen sorgte.

Gropius' Bauhaus-Gebäude kommt außerdem besondere Bedeutung zu, weil es als erster Großbau des Neuen Bauens gilt. Entstanden war das Neue Bauen im Privathausbau, der jedoch in der Weimarer Republik infolge der Wirtschaftskrise fast zum Erliegen gekommen war; Mitte der 20er Jahre begann es schließlich, im Großsiedlungsbau Fuß zu fassen. Mit dem Bauhaus wurde erstmals ein öffentliches Gebäude in diesem Stil errichtet.

IKONE

Nach wenigen Jahren wurde das Bauhaus 1932 von den Nationalsozialisten auch aus Dessau vertrieben. Der Unterricht wurde noch einige Monate provisorisch in einer stillgelegten Fabrik in Berlin fortgesetzt; die endgültige Schließung der Schule erfolgte im Sommer 1933.

Das Neue Bauen kam mit der Machtübernahme der Nationalsozialisten schlagartig zum Erliegen. In Österreich wurde noch bis zum Anschluss an das Deutsche Reich 1938 „modern" gebaut.

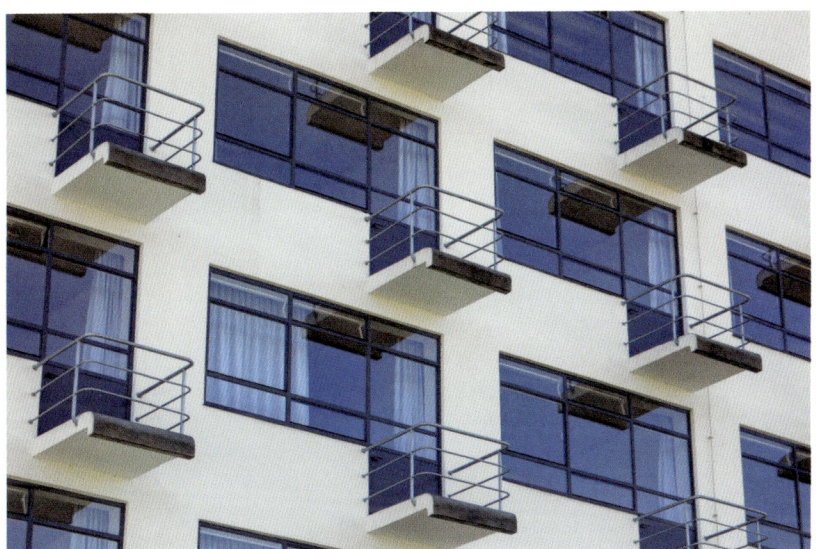

20er JAHRE

Expressionismus

Der Expressionismus galt zumindest in seiner Anfangszeit als Antipode zum Neuen Bauen und war ebenfalls eine Reaktion auf die historische Fassadenarchitektur der Gründerzeit. Er zeichnet sich durch die Verwendung gezackter, kristalliner Formen, skulptural aufgefasster Baukörper und reicher Klinker-Ornamentik aus. Anders als die Architekten des Neuen Bauens versuchten die Expressionisten die Architektur weniger über den Grundriss als vielmehr über die Fassade zu erneuern. Darin und in der Tendenz zum Gesamtkunstwerk bestand eine gewisse Nähe zum ▷ Jugendstil.

Ihren Ausgangspunkt hatte die expressionistische Architektur während des Ersten Weltkriegs in Amsterdam – die Niederlande waren neutral, so dass die Bautätigkeit hier nicht zum Erliegen kam. In den 20er Jahren verbreitete sie sich ausgehend von Hamburg und dem Rheinland, den beiden wichtigsten Zentren expressionistischer Architektur, in ganz Deutschland.

Die Fenster können plastisch angelegt sein, aber auch dreieckig oder spitzbogig. Für Gebäude mit vertikaler Gliederung sind **schlanke hochrechteckige Formate** typisch, während für horizontal gegliederte Bauten, die an das Neue Bauen angelehnt waren, häufig **querrechteckige** oder quadratische Formate verwendet wurden. In beiden Fällen handelte es sich in der Regel um **konventionelle Typen** wie das (Mittel-)**Kreuzstockfenster** und **Zwei-** oder **Mehrflügelfenster**. In Anknüpfung an die Bandfenster des Neuen Bauens wurden die Fenster häufig zusammengefasst, indem sie zwischen Gesimsbändern **„eingespannt"** oder gestalterisch miteinander **„verbunden"** wurden. Untrennbar von der expressionistischen Architektur sind die **Fenstersprossen**, die in der Regel **horizontal** gestaltet sind. In den späten 20ern sind vereinzelt neu-sachlich-expressionistische Bauten entstanden, in denen die Fenster mit schmalen, scharfkantigen Naturstein-Faschen gerahmt wurden.

FENSTER

MATERIAL

Das beliebteste Material des sogenannten Backstein-Expressionismus war nicht etwa Backstein, sondern **Klinker**. Klinker ist härter gebrannt als Backstein; er weist eine versinterte, glattere Oberfläche auf und ist aufgrund seiner Wetterbeständigkeit im Gegensatz zu Backstein besser zur Verwendung im Sichtmauerwerk geeignet. Charakteristisch sind kunstvolle Mauerwerksverbände wie der sogenannte **Märkische Verband**, bei dem sich zwei lange Klinker mit einem kurzen abwechseln und diese Reihen versetzt übereinander liegen, so dass der Eindruck eines **textilen Webmusters** entsteht.

Häufig wurden bewusst **Fehlbrennungen** verwendet, um eine größere Lebendigkeit der Fassade und den Eindruck von Handwerklichkeit zu erzeugen. Da so viele von ihnen zum Einsatz kamen, ist davon auszugehen, dass sie mit Absicht produziert worden sind.

MATERIAL

KERAMIK

KLINKER-SKULPTUREN

KLINKER-ORNAMENTIK

GEBÄNDERTE PUTZFASSADEN

Die expressionistischen Architekten hatten einen Hang zum Gesamtkunstwerk, wobei insbesondere Skulpturen, Flachreliefs und Akzentuierungen aus **Naturstein** oder glasierter **Keramik** sowie Mosaiken in die Komposition einbezogen wurden. Zur Besonderheit gehören Klinker-Skulpturen, die organisch mit dem Gebäude verbunden wurden.

Neben Sichtklinker kamen insbesondere im Siedlungsbau auch verputzte Fassaden zur Anwendung. Diese haben in der Regel **betonte Eingangsportale** aus Klinker, Keramik oder Terrakotta mit den typischen kristallinen, gezackten Mustern. Gegliedert sind die Putzbauten meistens mit **horizontalen Bänderungen**, in die die Fenster eingespannt wurden, so dass in Anlehnung an das Neue Bauen eine horizontale Gliederung entstand.

FORM

ORGANISCHE FORMEN

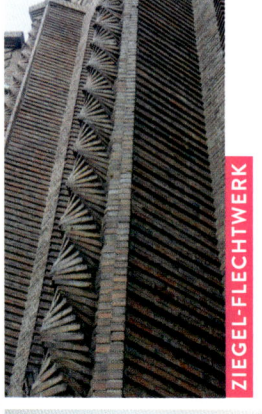
ZIEGEL-FLECHTWERK

BACKSTEINMUSTER

KRISTALLINE FALTUNGEN

PARABEL-BOGEN

KRISTALLINE FORMEN

Der Expressionismus ist sowohl in der Grundform als auch in seiner Oberflächenbehandlung und seinem Bauschmuck sehr skulptural. Zu seinen wichtigsten Charakteristika gehören die kunstvollen, häufig **flächigen Mauerwerksmuster und -ornamente, parabelförmige Bogen** und **kristalline** und **organische Formen**, die vor allem an Türmen oder Portalen zur Anwendung kamen.

Insbesondere aufgrund seiner Vorliebe fürs Ornament gilt der Expressionismus als Antipode zum Neuen Bauen. Die Trennlinie ist jedoch nicht scharf, da zumindest der horizontal gegliederte Expressionismus immer eine Brücke zum Neuen Bauen geschlagen hat, und umgekehrt Ende der 20er Jahre auch Architekten des Neuen Bauens mit Klinker arbeiteten (▶ S. 52).

FORM

HORIZONTALE GLIEDERUNGEN

GOTISIERENDE FORMEN

VERTIKALE GLIEDERUNGEN

BRÜCKE ZUM REDUKTIONSSTIL

Gotisierender oder neu-sachlicher Expressionismus

Es lässt sich zwischen Bauten mit einer eher gotisierenden Bauweise und einer, die ins Neue Bauen weist, unterscheiden. Die gotisierenden Gebäude sind in der Regel **vertikal gegliedert**, haben dreieckige sowie spitzwinklige Fenster und Bogen und verfügen über vertikale Strebepfeiler oder Lisenen. Die ans Neue Bauen angelehnten Bauten sind meist **horizontal gegliedert**. Das Gewerkschaftshaus in Stralsund (unten links) lässt mit seinem monumentalen Sandsteinportal und den scharfkantigen Sandstein-Faschen (Umrahmungen) der Fenster sogar Anleihen an den Reduktionsklassizismus vor dem Ersten Weltkrieg erkennen (▶ S. 45), wobei im Attikageschoss eine Art Bekrönung aus gotisierenden Strebepfeilern gebildet wird.

IKONE

IKONE

Das Chilehaus (1922–1924)

Das von Fritz Höger entworfene zehngeschossige Kontorhaus war das erste Hochhaus Hamburgs. Es befindet sich in unmittelbarer Nähe zu Hafen und Speicherstadt und erinnert mit seiner spitz zulaufenden Ostseite, dem weiten, scharf geschnittenen Dachüberstand und den seitlich angelegten Staffelgeschossen an einen Schiffsbug.

Der Grundriss des mächtigen Baukomplexes, der drei große Innenhöfe umschließt, ist unregelmäßig geschnitten und läuft auf der Südseite in einer leichten S-Kurve auf die Ostspitze zu. Durch die Krümmung und die zurückweichenden Staffelgeschosse erhält das Gebäude eine skulpturale Gesamtwirkung, die hervorragend mit dem Dekorationssystem korrespondiert. Die vertikale Lisenen-Gliederung, die von der Seite betrachtet hinter den endlosen Fensterreihen und den horizontalen Linien der Staffelgeschosse stark in den Hintergrund tritt (unten), wird in der Übereckansicht (gegenüber) zum dominierenden Motiv. Die Lisenen lassen die seitlichen „Bug"-Wände wie geschlossen erscheinen und öffnen sich Schritt für Schritt. Auf der geraden Nordseite verschließen sie die Wand mit einer Schraffur, die sich beim Vorbeigehen verschiebt und schließlich öffnet, so dass die Architektur durch das Dekorationssystem einen ausgesprochen lebendigen Charakter erhält.

20er JAHRE

Konservative Moderne

Häufig wird vergessen, dass die 20er Jahre nicht nur durch das Neue Bauen und den Expressionismus geprägt wurden – sehr viel weiter verbreitet war die Konservative Moderne. Wie das Neue Bauen und der Expressionismus war auch sie eine Reaktion auf die historistische Architektur der Gründerzeit. Architekten der Konservativen Moderne versuchten diese mit traditionellen Bauformen und Materialien zu überwinden und knüpften nahtlos an Reformarchitektur und Heimatschutzbewegung der Zeit vor dem Ersten Weltkrieg an (▷ S. 38), wobei sie auf dieselben Vorbilder rekurrierten: Goethes Gartenhaus, die Architektur „um 1800" und Camillo Sittes Vorliebe für unregelmäßige Platzanlagen und gekurvte Straßenzüge (▷ S. 29).

Kastenfenster mit **Fensterklappen**, Satteldächer, geschlämmte Backsteinwände und Rosenspaliere hatten Hochkonjunktur. Im Gegensatz zur Reformarchitektur, in der noch die **hochrechteckigen Fensterformate** dominierten, etablierten sich in der Konservativen Moderne verstärkt **querrechteckige** und erste quadratische Formate. Es kamen ausschließlich **Holzrahmenfenster** zur Anwendung; **Mittelkreuzstockfenster** in allen Variationen (hochrechteckig, querrechteckig, quadratisch oder mit Segmentbogen) erfreuten sich großer Beliebtheit, aber auch zwei- und dreiachsige **Kreuzstockfenster** sowie **Zwei-** und **Mehrflügelfenster** oder Galgenfenster wurden häufig verwendet. Wie in der Reformarchitektur konnten unterschiedliche Fensterformate an einer Fassade in freier Setzung vorkommen.

Da die Grenzen zur Reformarchitektur und zum Nationalsozialismus (▷ S. 76) fließend sind, ist die Konservative Moderne nicht so einfach zu bestimmen. Das wichtigste Charakteristikum sind **querrechteckige Sprossen**, die eindeutig in die 20er Jahre gehören, und die **quadratischen** und **querrechteckigen Fensterformate**, die vorher selten und bei den Nationalsozialisten gar nicht mehr genutzt wurden.

FENSTER

FREIE SETZUNG

UNTERSCHIEDLICHE FORMATE

MITTELKREUZSTOCKFENSTER

FENSTERKLAPPEN

SEGMENTBOGEN

QUADRATISCHE MITTELKREUZSTÖCKE

ZWEI- ODER MEHRFLÜGELFENSTER

HORIZONTALE SPROSSEN

ZWEI- UND DREIACHSIGE KREUZSTOCKFENSTER

MATERIAL

In der Konservativen Moderne kamen ähnliche Materialien wie in der Reformarchitektur zur Anwendung (▶ S. 40). Beliebt waren **geschlämmter Backstein** und verputzte Wände, aber auch Bruchsteinmauerwerk, Sichtklinker und Holzverkleidungen. Die undekorierten Wände wurden mit **Fensterklappen**, **Pergolen**, Rosenspalieren und **tiefgezogenen Dächern** oder **Vordächern** belebt.

MATERIAL

Fließende Grenze zum Expressionismus

Die Architektur der Konservativen Moderne hat zuweilen fließende Grenzen zur expressionistischen Architektur. In diesem Fall sind die Gebäude meistens verputzt und greifen auf expressionistisch gestaltete Portale, Loggien oder Erker aus Klinker, Terrakotta oder Keramik mit **kristallinem Dekor** zurück. Oft haben sie die typischen **horizontalen Bänderungen** mit eingespannten oder verbundenen Fenstern (▶ S. 61).

Wenn Sichtklinker zur Anwendung kam, war er häufig in dem für den Expressionismus und die Reformarchitektur typischen **Märkischen Mauerwerksverband** gestaltet, der wie eine textile Webart erscheint (▶ S. 62), oder in plastischen Streifen gemauert, indem jede zweite Steinlage vor- bzw. zurückspringt.

SICHTKLINKER

KERAMIK

STREIFEN-MAUERWERK

TERRAKOTTA

FORM

Wohnanlagen

Die Wohnanlagen der Konservativen Moderne unterscheiden sich von denen der Reformarchitektur darin, dass sie schematischer und axialer gereiht sind. Beliebt waren große Wohnanlagen, die sich um **geschlossene** oder **offene Höfe** gruppieren und z. T. sogar Schlossanlagen mit Ehrenhof und Eingangstor zitieren. Der Geist der 20er Jahre lässt sich jedoch an verschiedenen Stellen ausmachen. Wie im ▶ Neuen Bauen (und später in den ▶ 50er, ▶ 60er und ▶ 70er Jahren) erfuhren **Gebäudeecken** auch in der Konservativen Moderne tendenziell eine besondere Betonung. Das Aufeinanderstoßen der beiden Baublöcke wurde explizit formuliert oder durch eine Art „Scharnier", einen Laden oder Pavillon, vermittelt. Ebenfalls typisch sind eine Betonung der **seriellen Reihung**, die Verwendung von **Satteldächern** und Blockrandbebauungen.

EXPRESSIONISTISCHE ANLEIHEN

SCHLOSSTYPUS

WOHNHÖFE

SATTELDÄCHER

SERIELLE REIHUNGEN

BETONTE ECKEN

FORM

MONUMENTALITÄT

NATURSTEIN-FASCHEN

ÜBERHÖHUNG VON EINZELFORMEN

PFEILERPORTIKEN

Reduktionsklassizismus / Reduktionsstil

Der Reduktionsklassizismus, der in der Zeit um 1910 entstanden war (▶ S. 45) und später großen Anklang bei den Nationalsozialisten finden sollte (▶ S. 76), wurde ebenfalls in den 20er Jahren fortgeführt. Zu den prominentesten Beispielen gehört der Stuttgarter Hauptbahnhof von Paul Bonatz und Friedrich Eugen Scholer, der bereits 1914 entworfen worden war, aber kriegsbedingt erst 1928 vollendet werden konnte (oben). Charakteristisch sind ein Hang zu **Monumentalität**, **reduzierte klassische Grundformen** wie der **Pfeilerportikus** und eine **Natursteinverkleidung**.

Gelegentlich wurde der Reduktionsklassizismus auch mit der Formensprache des Expressionismus verbunden, wie das Verbandshaus der öffentlichen Feuerversicherungsanstalten in Berlin (unten links) und auch das Gewerkschaftshaus in Stralsund (▶ S. 65 unten links) zeigen.

SIEDLUNGEN

DOPPELHÄUSER

REIHENHÄUSER

Der Zehlendorfer Dächerkrieg

Nachdem Bruno Taut, Otto Salvisberg und Hugo Häring unter Leitung von Stadtbaudirektor Martin Wagner 1926 mit dem Bau der zweiten Berliner Großsiedlung, Onkel Toms Hütte, im Stil des Neuen Bauens begonnen hatten (▶ S. 53 und S. 57 jeweils oben rechts), antwortete die konservative Wohnungsbaugesellschaft Gagfah in unmittelbarer Nachbarschaft: Auf einem sichelförmigen Grundriss, der frei gehalten worden war, um Onkel Toms Hütte mit dem Fischtalpark zu verbinden, wurde 1927/28 die sogenannte Versuchssiedlung errichtet und zur Bauausstellung deklariert. Unter Leitung von Heinrich Tessenow bauten 16 renommierte konservative Architekten 29 Hausgruppen – Einfamilien-, Doppel-, Reihen- und Mehrfamilienhäuser. Verbindlich vorgeschrieben war das Satteldach mit einer 45 Grad-Neigung. Die Beispiele von Hans Poelzig (links), Ernst Grabbe (rechts) sowie Paul Mebes und Paul Emmerich (gegenüber) zeigen, dass Fensterklappen, geschlemmter Backstein und Holzpergolen die verschiedenen Bauten zieren, als habe Paul Mebes' Publikation *Um 1800* als Musterbuch gedient (▶ S. 29).

Ein ähnlich programmatischer „Dächerkrieg" tobte zeitgleich in Stuttgart. Als Reaktion auf die Weissenhofsiedlung, die 1927 unter Leitung des späteren Bauhaus-Direktors

SIEDLUNGEN

MEHRFAMILIENHÄUSER

Mies van der Rohe als Bauausstellung des Deutschen Werkbundes entstand (▶ S. 55 unten links), wurde 1927/28 als Gegenmodell die Kochenhofsiedlung in unmittelbarer Nachbarschaft entworfen, die 1933 ebenfalls als Bauausstellung unter dem Titel „Deutsches Holz für Hausbau und Wohnung" in Zusammenarbeit mit 23 Architekten unter der Leitung von Karl Schmitthenner realisiert wurde. Zu den Bauauflagen gehörten das Satteldach und die Holzbauweise (S. 70 oben links).

Hinweis: Die Konservative Moderne hat – mit Ausnahme des Stuttgarter Hauptbahnhofs, der aufgrund seiner langen Bauzeit jedoch nur schwer einzuordnen ist (S. 73 oben) – keine echten „Ikonen" hervorgebracht, weshalb hier auf diese Rubrik verzichtet worden ist. Am ehesten hatten die beiden genannten Siedlungen in Berlin und Stuttgart ikonischen Charakter, zumal beide als Bauausstellungen deklariert worden waren.

Nationalsozialismus

Den Nationalsozialisten war nicht nur das ▷ Neue Bauen, sondern auch der ▷ Expressionismus ein Dorn im Auge. Das Neue Bauen überlebte anfangs noch im Industrie- und Tankstellenbau, dann verschwand auch dieser Stil vollkommen von der Bildfläche. Zum offiziellen Staatsstil für öffentliche und repräsentative Bauaufgaben machten die Nationalsozialisten einen an den Reduktionsstil der 10er Jahre (▷ S. 45) angelehnten, weiter vergröberten und vereinfachten Neoklassizismus, den sie zu einer pathetisch-monumentalen und dem menschlichen Maßstab entrückten Einschüchterungsarchitektur aufbliesen.

Für den privaten Wohnungsbau und für Kleinhaussiedlungen griffen Architekten auf die Formensprache der Heimatschutzbewegung und der Konservativen Moderne zurück (▷ S. 42 und ▷ S. 70). Die Architektursprache aus steilen Satteldächern, Fensterklappen, Holzapplikationen und idyllisch gekurvten Straßen wurde weitergeführt.

Den Nationalsozialisten waren die querformatigen Fensterformate der 20er Jahre verhasst und auch Fenstersprossen verschwanden mehr oder weniger aus dem Gestaltungsrepertoire der Architekten. Zur Anwendung kamen ausnahmslos **hochrechteckige** Formate mit Holzrahmen und streng **axiale Setzungen**. Es gab eine Vorliebe für **Kreuzstock-** und **Mittelkreuzstockfenster** (wenn möglich mit steinernen Fensterstöcken oder Fensterkreuzen und ggf. auch mit Segmentbogen), aber auch Galgen- und Zweiflügelfenster waren gängig.

Klassische Fensterrahmungen wurden stilisiert und vereinfacht, wobei oft nur scharfkantige, schmale Naturstein-Faschen zum Einsatz kamen, die aus der neu-sachlich reduzierten Architektur der 20er Jahre stammten (▷ S. 65).

FENSTER

MITTELKREUZSTÖCKE

FENSTERKLAPPEN

STILISIERTE FENSTERRAHMUNGEN

KREUZSTOCKFENSTER

STEINERNE FENSTERKREUZE

NATURSTEIN-FASCHEN

GALGENFENSTER

STEINERNE FENSTERSTÖCKE

ZWEIFLÜGELFENSTER

MATERIAL

Adolf Hitler forderte seine Architekten dazu auf, auch die Ruinenwirkung in 500 Jahren mitzudenken – frei nach dem Motto: schön ist, was schöne Ruinen ergibt! Seine favorisierten Baumaterialien waren **Kalk-**, **Muschel-** und **Sandstein**. Da sich die Nationalsozialisten jedoch darauf beschränkten, ihre Gebäude mit **Natursteinplatten** zu verkleiden, während die innere Struktur in der Regel aus Stahlbeton bestand, hätten die Gebäude – anders als die massiv gebauten römischen, ägyptischen oder griechischen Vorbilder, auf die sich Hitler bezog – keineswegs schöne Ruinen ergeben.

War keine vollständige Natursteinverkleidung möglich, wurden die Gebäude in der Regel verputzt und mit **Naturstein akzentuiert** – z. B. durch Fensterrahmen oder Faschen, Gesimsbänder oder Portale. Selten kam Klinker zum Einsatz.

Im Kleinwohnungs- und Siedlungsbau wurden die Häuser in der Regel verputzt. Manchmal kamen Blendfachwerk und häufig **hölzerne Fensterklappen** zur Anwendung.

NATURSTEIN

MATERIAL

HOLZ

PUTZ

NATURSTEIN-AKZENTUIERUNGEN

SICHTKLINKER

BLENDFACHWERK

FORM

PFEILERPORTIKEN

NEU-SACHLICHE VOLUMEN

KLASSISCHE FORMENSPRACHE

ACHSENSYMMETRIE

VEREINFACHTER KLASSIZISMUS

Reduktionsklassizismus

Die Nationalsozialisten kehrten zu strenger **Achsensymmetrie** und **Blockrandbebauung** zurück und entwickelten den Reduktionsklassizismus, der vor dem Ersten Weltkrieg entstanden war, weiter (▶ S. 45). Der NS-Reduktionsstil war jedoch sehr viel gröber, vereinfachter und **monumentaler**. Er wirkte undurchdringlich und einschüchternd. Die Graduierungen reichen von einer traditionellen klassischen Formensprache und Fassadengliederung (links) über einen reduzierten, stark **vereinfachten Klassizismus** wie beim Flughafen Tempelhof (unten rechts) bis zu einer streng reduzierten **Pfeilerarchitektur**, die in der Volumenbehandlung noch Anleihen an das Neue Bauen erkennen lässt (oben rechts). Alle Typen wurden jedoch massiv aufgebläht und monumentalisiert.

FORM

REIHENHÄUSER

KLEINHÄUSER MIT GÄRTEN
SATTELDÄCHER

SIEDLUNGSBAU

MONUMENTALE AKZENTE

Privathaus- und Siedlungsbau

Im Fokus der Nationalsozialisten standen repräsentative Gebäude und die megalomane Hauptstadtplanung Germanias. Aber auch der Klein- und Reihenhausbau, mit dem insbesondere der Kleinbürger erreicht werden sollte, war ihnen wichtig. Hier kamen die Großstadtfeindschaft und die „Blut-und-Boden-Ideologie" in traditionellen, im Geiste des Heimatstils (▶ S. 42) weitergebauten Bauformen, steilen **Satteldächern**, **Fensterläden** und **Gärten** zur Selbstversorgung zum Ausdruck. Im Massenwohnungsbau, der die Nationalsozialisten eigentlich nicht interessierte, den sie aber notgedrungen mitdenken mussten, entstanden reduzierte Großanlagen in **Blockrandbebauung** mit einzelnen **monumentalen Akzenten** wie betonten Eingangsportalen oder Straßenüberbrückungen.

IKONE

Hitlers Reichsautobahnen – „Die Pyramiden des Dritten Reiches"

Der Bau der Reichsautobahnen ist in erster Linie als arbeitsmarktpolitische und rüstungsstrategische Maßnahme in die Geschichte eingegangen. Weniger bekannt ist, dass Hitler sie als „gewaltige Kulturtat" in den Stand eines Kunstwerkes erhob. Die Reichsautobahnen sollten als größte Bauleistung der Welt und als „Die Pyramiden des Dritten Reiches" geplant und inszeniert werden.

Um Enteignungsproblemen so gut wie möglich zu entgehen, wurden die Trassen in vorwiegend verkehrsarme, dünn besiedelte und bewaldete Gegenden gelegt und Städte höchstens an der Peripherie berührt. Aus dieser Notwendigkeit heraus deklarierten die Nationalsozialisten die sogenannten „Straßen des Führers" als „Parkstraßen durch die deutsche Landschaft", die den Benutzern zum ersten Mal die Schönheiten ihrer deutschen Heimat vorführen sollten. Die Planer orientierten sich an der Gestaltung des englischen Landschaftsgartens und führten die Strecken so, dass sich historische Sehenswürdigkeiten vom Auto aus erleben ließen und nicht die schnellste, sondern die schönste Strecke zwischen zwei Punkten entstand. Es wurden bei der Streckenführung landschaftliche Durchblicke oder Tiefenstaffelungen berücksichtigt und sogar „würdige Baumgruppen" aufwendig angepflanzt. Um das Landschaftserlebnis zu erleichtern, lagen die Trassen etwas erhöht und gingen ohne Leitplanken nahtlos in die Landschaft über. Nur Tankstellen durften unmittelbar neben der Fahrbahn stehen; alle anderen Bauten wie Raststätten oder Autobahnmeiereien mussten „zurücktreten", um nicht den Blick zu verstellen. Parkplätze wurden an landschaftlich reizvollen Punkten oder vor spektakulären Brückenbauten angelegt und luden zu Ausflügen in die Umgebung ein.

Da es den „Straßen des Führers", die de facto nichts als flache Straßenbänder waren, an Monumentalität und Sichtbarkeit fehlte, erfuhren die Brücken eine besondere Inszenierung. Die Trassen wurden so angelegt, dass sie möglichst vor den Brücken einen Schlenker machten, der den Blick auf sie freigab. Künstler wurden dazu aufgerufen, die Autobahnen zu inszenieren und das Bedürfnis des „Autowanderns" zu erwecken. Auf diese Weise wurde die Autobahn zu einer, wenn nicht gar zu der Kultstätte des Dritten Reiches. Auf der Autobahn zu fahren – das war kultischer Dienst am Dritten Reich und sollte Individualität und Freiheit suggerieren und die Gängelung und Gleichschaltung im Alltag vergessen lassen.

Natürlich spielte die Autobahn auch bei der „Eindeutschung" neuer Landesteile eine symbolhafte Rolle. Sieben Tage nach dem Anschluss Österreichs am 13. März 1938 wurde in Wien eine Reichsautobahn-Ausstellung eröffnet. Bereits einen Monat später fand der erste Spatenstich zur Weiterführung der Strecke durch Österreich statt.

IKONE

50er Jahre

Die Architektur der 50er Jahre ist farbenfroh, skulptural, elegant und verspielt. Auf allen Ebenen ist ein Aufatmen und Aufblühen nach den Jahren des NS-Terrorregimes spürbar.

Alle konventionellen Fenstertypen und die gesamte Palette der Öffnungsarten (Dreh-, Kipp-, Schwing-, Wende-, Klapp- und Schiebeflügel) existieren nebeneinander. Hinzu kamen Bullaugen, Blumen- und Buntglasfenster. Neben **Holz-** und **Stahlrahmen-** traten auch erste Aluminium- und Kunststofffenster in Erscheinung. Die Holzprofile, die im Original nur noch sehr selten erhalten sind, waren in Anlehnung an die schmalen Metallrahmen ausgesprochen zart. Sie kamen hauptsächlich im Wohnungsbau zur Anwendung, während für repräsentative Gebäude Stahlrahmenfenster bevorzugt wurden.

Im Geschosswohnungsbau herrschten wie im Neuen Bauen (▷ S. 51) **Mischtypen** vor, in denen verschiedene Fensterformate, die Auskunft über die dahinter liegenden Räume geben, verwendet und seriell gestapelt wurden. **Quadratische** und **querrechteckige Formate** dominierten hier. Neben einfachen **Zwei-** und **Dreiflügelfenstern** gab es in den 50er Jahren eine große Bandbreite von **symmetrischen** und **asymmetrischen Binnengliederungen**, die durchaus dekorativ eingesetzt werden konnten. Beliebt waren auch **Einscheibenfenster**, während auf Mittelkreuzstockfenster komplett verzichtet wurde.

Im Büro- und Geschäftshausbau dominierte entweder ein Fensterformat, das programmatisch seriell gereiht wurde, oder es wurden verschiedene Typen zu Fenstergruppen oder **Bandfenstern** zusammengesetzt. Aber auch vollverglaste Vorhangfassaden kamen zur Anwendung.

Da viele NS-Architekten auch in der Nachkriegszeit weiter bauten, existierte nach wie vor eine Art klassizistischer Reduktionsstil mit stilisierten Fensterumrahmungen und Naturstein-Faschen, die ihren Ursprung in der neu-sachlichen Architektur der späten 20er hatten (▷ S. 65).

FENSTER

MATERIAL

In den 50er Jahren kamen alle erdenklichen Materialien zur Anwendung. Neben Stahlbeton, Backstein, Glas, Naturstein und Klinker wurde mit neuen Werkstoffen wie Faserzement (besser bekannt als Eternit), Kunststoff, Plexiglas und **Aluminium** experimentiert. Gebäude wurden mit **Mosaiken**, **Fliesen**, Glasbausteinen und Ziegelmustern dekoriert. Zu den besonders charakteristischen Materialien gehören die **goldeloxierten Aluminiumzierleisten** an Türen und Schaufenstern sowie die Verwendung von **Pastelltönen**.

1952 wurde die von Le Corbusier entworfene Unité d'Habitation in Marseille (gegenüber Mitte links) als vertikale Stadt errichtet. Mit diesem Gebäude wurde der **Rohbeton**, bei dem sich die Schalungsbretter abdrücken, salonfähig. Es handelt sich um die Geburtsstunde des ▶ Brutalismus.

FLIESEN

GOLDELOXIERTE ALUMINIUMLEISTEN

MOSAIKEN

GLASBAUSTEINE

MATERIAL

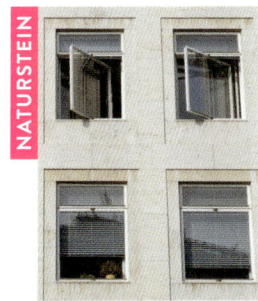
NATURSTEIN

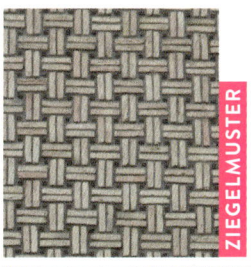
ZIEGELMUSTER

ROHBETON

PASTELLTÖNE

FASERZEMENT

ALUMINIUM

FORMEN

Zu den charakteristischen Formen der 50er Jahre gehören **Flugdächer** und **betonte Attika-** bzw. **Dachgeschosse**. Sie sind oft zurückgesetzt, etwas höher, verglast und durch Balkonbrüstungen hervorgehoben.

Die Formensprache ist sehr **skulptural** – es gab eine Vorliebe für **konvexe und konkave Formen**, nach vorn und nach hinten gekippte Wände, **Nierentischformen**, plastisch ausgebildete Schaufenster und aufwendig gestaltete Balkonbrüstungen und Treppengeländer. Auch mit Pilotis (Pfeilern) aufgestelzte Erdgeschosszonen waren wie schon im Neuen Bauen beliebt (▶ S. 54).

FORMEN

„Rasteritis"

Der beliebteste Fassadentyp der 50er war die **Skelettfassade**, die entweder einen Teil oder die gesamte Skelettstruktur an der Fassade ablesbar macht. Sind sowohl die horizontalen als auch die vertikalen Elemente sichtbar, handelt es sich um **Rasterfassaden**, die den gängigsten Typus darstellten. Ist nur ein Teil des Rasters sichtbar, spricht man von einer vertikalen oder horizontalen Skelettfassade. Die vertikale Skelettbauweise knüpfte tendenziell an die ▶ expressionistische Moderne mit ihren gotischen Wurzeln an, während die horizontale Skelettbauweise mit Bandfenstern das ▶ Neue Bauen aufgriff.

SIEDLUNGEN

Die aufgelockerte und durchgrünte Stadt

Nach den Erfahrungen mit dem Bombenkrieg wurden die Siedlungen in den 50ern in aufgelockerter, durchgrünter Bauweise errichtet. Die Bauvolumen stehen im Idealfall frei und „demokratisch" (d. h. nicht auf Achsen gereiht) im Raum – vorzugsweise im **fließenden Gemeinschaftsgrün**. Insgesamt orientierten sich Planer und Architekten stark an den Formen und Gebäudetypen des Neuen Bauens (▶ S. 54).

Während in Großwohnanlagen das **Flachdach** dominierte, blieb in den Einfamilienhaussiedlungen das **Satteldach** vorherrschend. Aber auch der Bungalow, der häufig nach innen orientiert ist und nach außen sehr verschlossen wirkt, hatte Hochkonjunktur.

Typisch für die Zeit waren **Zeilenbauten** (▶ S. 57), die quer zur Straße orientiert sind und Luft und Licht in die Anlage lassen, **Wohnscheiben**, die eine Querlüftung ermöglichen – häufig mit **Laubengangerschließungen** –, sowie **Punkthochhäuser**. Im Vergleich zu den Großwohnsiedlungen der 20er Jahre fand eine erhebliche Verdichtung statt.

Wenn die Blockrandbebauung nicht vermieden werden konnte, wurde wie in den 20er Jahren entweder gestalterisch mit einem Verbindungsstück oder einem Laden zwischen den Volumen vermittelt (▶ S. 56). Häufiger jedoch blieb die **Ecke offen** und der Blick wurde ins Blockinnere freigegeben.

BUNGALOWS

SATTELDÄCHER

SIEDLUNGEN

DDR

Sozialistisch im Inhalt, national in der Form

In der DDR herrschte in den 50er Jahren ein ganz anderes architektonisches und städtebauliches Leitbild. Während der Städtebau Westdeutschlands an die Vorkriegsideen des Internationalen Stils (wie das Neue Bauen auch genannt wurde) anknüpfte und eine aufgelockerte, durchgrünte Bebauung anstrebte, in der sich die Architekturen als frei stehende Volumen selbstbewusst im Raum erhoben, wurde in der DDR auf geschlossenen **Blockrand** sowie Pracht- und Machtdemonstration gesetzt. Der erste Abschnitt der Stalinallee war fast zwei Kilometer lang und wurde innerhalb von nur zwei Jahren im sogenannten „sozialistischen Zuckerbäckerstil" errichtet.

SYMMETRISCHE FASSADENGLIEDERUNGEN

Charakteristisch für die Bauphase von 1949 bis 1955 war eine neoklassizistische Formensprache, die „sozialistisch im Inhalt und national in der Form" sein sollte. Entstanden ist ein **Neoklassizismus** mit achsensymmetrischer Gliederung, geschlossenem Blockrand, Türmchen, Säulen, Erkern, Giebeln, traditioneller Gliederung und einer vollständigen Rückbesinnung auf **hochrechteckige konventionelle Fenstertypen** (Kreuzstock- und Mittelkreuzstock-, Zweiflügel- oder Galgenfenster) mit klassischen Fensterrahmungen. Von der Gründerzeit unterscheidet sich die stalinistische Architektur in ihrem monumentalen Maßstab und durch die Verwendung von **Fliesen**.

Nach Stalins Tod im Jahr 1953 änderte sich die städtebauliche Doktrin. Ab 1955 kam es zu einer Hinwendung zum Internationalen Stil.

DDR

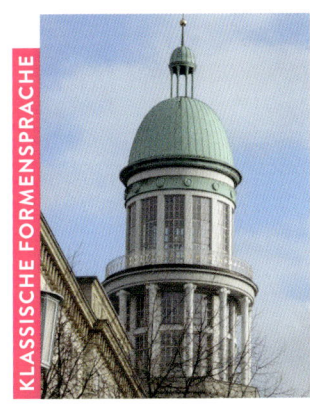

KLASSISCHE FORMENSPRACHE

KLASSISCHE FENSTERRAHMUNGEN

FLIESEN

HOCHRECHTECKIGE FENSTER

GESCHLOSSENE BLOCKRÄNDER

IKONE

Das Hansaviertel – IBA '57

Nirgendwo sonst lässt sich die Architektur der 50er Jahre so gut studieren wie im Berliner Hansaviertel, das 1957 als Internationale Bauausstellung errichtet wurde. Insgesamt 33 Stararchitekten, je ein Drittel aus Westberlin, Westdeutschland und der westlichen Welt, demonstrierten hier die Vielfalt der modernen Architektur. Unterschiedlichste Bautechniken, aber auch die wichtigsten Bautypen – vom Punkt- und Scheibenhochhaus über das Reihenhaus bis zum Bungalow –, wurden hier ausgestellt und teilweise mit Inneneinrichtungen präsentiert. Die „Schwangere Auster" (unten) – wie die Kongresshalle genannt wird –, wurde von Hugh Stubbins errichtet, die Wohnscheibe (rechts) von Walter Gropius.

Das Hansaviertel war auch ein politisches Statement und gilt als Westberliner Antwort auf die Ostberliner Stalinallee (S. 92). Im Gegensatz zu der Ostberliner Prestige-Anlage und Aufmarschstraße erheben sich die Bauten des Hansaviertels in einer weitläufigen Parklandschaft umgeben von Gemeinschaftsgrün, das von zehn renommierten Landschaftsarchitekten geplant wurde und fließend in den Berliner Tiergarten übergeht.

IKONE

60er Jahre

Die 60er Jahre waren die Blütezeit des deutschen Wirtschaftswunders und gekennzeichnet von Technikeuphorie und einem uneingeschränkten Fortschrittsglauben. Alles schien möglich und technisch realisierbar.

Nach den verspielten, farbenfrohen und zarten 50er Jahren wurde die Architektur nun schematischer, serieller und weniger skulptural. Nachdem zu Beginn der 60er noch die typischen Siedlungsformen der 50er Jahre (▷ S. 90) in verdichteter Form fortgeführt wurden, traten Mitte der 60er Serienproduktion, Fertigteil-Ästhetik und die Großform in den Vordergrund. In den Innenstädten wurden die kleinteiligen historischen Stadtstrukturen, soweit sie nach dem Bombenkrieg noch erhalten waren, durch große Stadtbausteine – Kaufhäuser, Bürokomplexe und Verwaltungsbauten – ersetzt. So stehen die 60er Jahre auch für den Höhepunkt der sogenannten Flächensanierungen, in denen Altbaugebiete großflächig abgerissen und durch neue Strukturen ersetzt wurden. Zur Lieblingsaufgabe von Planern und Architekten gehörten nun die Großsiedlungen am Stadtrand, die sich auch deshalb großer Beliebtheit erfreuten, weil hier keine Rücksicht auf bestehende Strukturen genommen werden musste.

Die Fenster waren in den 60er Jahren weniger charakteristisch als in den Jahrzehnten zuvor. Sie verloren ihre Rolle als eigenständiges Gestaltungsmittel und ordneten sich stärker der Idee der **Serie** und der Standardisierung unter, was auch die vorgehängten Glasfassaden betrifft, die ihre kunstvolle Binnengliederung zugunsten regelmäßiger Sprossen einbüßten. Dennoch sind die Fenster der 60er Jahre relativ markant, da zu dieser Zeit erstmals **Aluminium-** oder **Kunststoffrahmen** großflächig zur Anwendung kamen.

Typisch für die 60er Jahre ist neben Mischtypenfassaden mit serieller Setzung, in denen quadratische und querrechteckige Formate dominieren, außerdem die Tendenz zu **Einscheiben-** und **Zweiflügelfenstern**. Das Fehlen kleinteiliger Binnengliederungen hat sicherlich ebenfalls dazu beigetragen, dass die Architektur der Zeit im Ruf steht, monoton und schematisch zu wirken, da dieses Gestaltungsmittel, mit dem sich Fassaden rhythmisieren und strukturieren lassen, nun fehlte.

FENSTER

EINSCHEIBENFENSTER

SERIELLE SETZUNG

VORHANGFASSADEN

MISCHTYPEN

FERTIGTEIL-ÄSTHETIK

MATERIAL

Zu den beliebtesten Materialien gehörten in den 60er Jahren **Rohbeton** (▶ Brutalismus) und **Faserzement**, der unter dem Namen Eternit bekannt wurde. Die 60er sind jedoch auch die Blütezeit der **Waschbetonplatte** mit Flusskieseln. Die Systembauweise mit vorgefertigten Wand- und Deckenmodulen, die auf der Baustelle montiert wurden, ist an den Fassaden durch Fugen und Nähte klar ablesbar.

MATERIAL

Die 60er Jahre-Architektur zeichnet sich in der Regel durch eine große Flächigkeit aus, die insbesondere an den geschlossenen Kaufhausfassaden, hin und wieder aber auch an Wohnhäusern oder Wohnanlagen mit kleinteiligen **Formstein**hüllen aus Beton, Aluminium und seltener auch aus Eternit belebt werden.

FORM

Eine einheitliche Formensprache gab es in den 60er Jahren nicht. Es bestand aber die Tendenz, gängige Typen der Moderne wie **Punkt-** und **Scheibenhochhäuser** mit Rasterfassaden, Bandfenstern oder Laubengangerschließungen weiterzuführen, wobei diese im Sinne der Maxime „Urbanität durch Dichte" sehr viel größer und komprimierter waren als beispielsweise noch in den 50ern (▶ S. 84).

Die **konstruktiven Aspekte** des Tragens und Lastens wurden nach wie vor gern an der Fassade abgebildet oder demonstrativ vor die Fassade gelegt, wie es beispielsweise beim ehemaligen Spiegelhochhaus von Werner Kallmorgen in Hamburg geschehen ist (oben rechts).

FORM

SKULPTURALE STRUKTUREN

VERDICHTUNG

EXPRESSIV-KRISTALLINE FORMEN

MEGASTRUKTUREN

Skulpturale Solitäre

Öffentliche Bauaufgaben wurden in den 60ern in der Regel als **Solitäre** behandelt, die kaum oder wenig Bezug zum städtebaulichen Kontext hatten. Ihnen ist gemein, dass sie sich durch eine hohe **Skulpturalität** auszeichnen, auch wenn sie programmatisch unterschiedlichsten Strömungen angehören. Hans Scharoun und seine Schüler bevorzugten beispielsweise einen expressiv-kristallinen Stil (unten links), während es sich bei dem Berliner Benjamin Franklin-Krankenhaus (oben links) oder der Freien Universität Berlin (unten rechts) um Megastrukturen handelt, die sich im Fall der FU wie ein Teppich über eine große Fläche ausbreiten. Die 60er waren auch die Hauptphase des ▶ Brutalismus.

SIEDLUNGEN

Das Leitbild „Urbanität durch Dichte" löste in den 60er Jahren das Konzept der aufgelockerten und durchgrünten Stadt der 50er Jahre ab (▶ S. 90). Großsiedlungen zählten in der Zeit zur Lieblingsbauaufgabe von Architekten und Planern und wurden mit großer Geste als Superlative und gebaute Manifeste ausgeführt. Sie markierten den Höhepunkt des sogenannten rationalen Planungssystems, das von einem allwissenden Planer ausging, der wusste wie Menschen idealerweise leben sollen und wollen.

Kennzeichen dieser Siedlungen sind eine **hohe bauliche Verdichtung**, ein relativ schematisches Gebäudeprogramm, das sich auf wenige **Großformen** reduziert, fließendes **Gemeinschaftsgrün**, in dem sich die Gebäude erheben, und eine explizite **Funktionstrennung** – d. h. Wohnen, Arbeiten und Freizeit sind unterschiedlichen Zonen zugeordnet, was dafür sorgte, dass reine Trabantenstädte oder „Schlafsilos" am Stadtrand entstanden.

Die anfängliche Euphorie hielt nur wenige Jahre, dann kippte die Faszination und die neu gegründeten Siedlungen, die sich durch zu große Monotonie und wenig definierte Räume für das öffentliche Leben auszeichneten, gerieten in Verruf.

GROSSE GESTEN

SIEDLUNGEN

GEMEINSCHAFTSGRÜN

SCHEIBENHOCHHÄUSER

HOCHHÄUSER

URBANE DICHTE

GROSSFORMEN

DDR

Zweiter Abschnitt Karl-Marx-Allee (1959–1964)

Nach Stalins Tod im März 1953 änderte sich die Planungsdoktrin der DDR radikal. Bereits Mitte der 50er Jahre fand ein Umschwenken vom stalinistischen „Zuckerbäckerstil" (▶ S. 92) zur Internationalen Moderne statt. Der zweite Teil der Karl-Marx-Allee (vormals Stalinallee) und der Alexanderplatz wurden in moderner Plattenbauweise errichtet. Zwischen den straßenflankierenden zehngeschossigen **Scheibenhochhäusern**, die sich über **Gemeinschaftsgrünflächen** erhoben, wurden flache **Pavillons** z. T. als skulpturale Solitäre mit Läden, Cafés und einem Kino errichtet. Um den Bezug zum ersten Bauabschnitt herzustellen, wurden die Gebäude ebenfalls mit Fliesen verkleidet.

SCHEIBENHOCHHÄUSER

PAVILLONS

SKULPTURALE SOLITÄRE

DDR

50ER JAHRE-FORMENSPRACHE

FUSSGÄNGERZONEN

INTERNATIONALER STIL

ALUMINIUM-FORMSTEINE

ALUMINIUM

Zuweilen hing die Architektursprache den westlichen Entwicklungen zeitlich leicht hinterher. So sind der Tränenpalast (oben links) und auch die Gestaltung der Läden an der Karl-Marx-Allee (gegenüber unten) noch eher im Stil der westdeutschen 50er Jahre-Architektur gehalten. Anstelle von goldeloxierten Leisten wurden in der DDR jedoch häufiger silberne **Aluminiumleisten** verwendet.

IKONE

Das Europa-Center (1963–1965)

Das Europa-Center in unmittelbarer Nachbarschaft zu Egon Eiermanns Gedächtniskirche am Breitscheidplatz war in den 60er Jahren die Ikone Westberlins, die weit über die Stadt hinaus strahlte. Erbaut wurde der Komplex, der eine Mischung aus Vergnügungs-, Einkaufszentrum und Bürogebäude darstellte, kurz nach dem Mauerbau von Helmut Hentrich und Hubert Petschnigg als „Fenster des Westens". Die 22-geschossige Hochhausscheibe – damals das höchste Hochhaus der Stadt – war ein weithin sichtbares Symbol. Es handelt sich um ein Zitat des in den frühen 50er Jahren in New York fertiggestellten Lever-Hochhauses, das in Berlin den American Way of Life und den Lebenswillen der eingemauerten Stadt symbolisieren sollte.

Das Center war ein Konglomerat aus mehreren Baukörpern mit unterschiedlicher Höhe und Funktion, die durch den zweigeschossigen Sockelbau mit außen liegenden Cafés und Restaurants und einem Einkaufszentrum im Inneren verbunden waren. Landmark war die 85 Meter hohe Büro-Hochhausscheibe mit ihrer vorgehängten Glas-Stahl-Fassade. Bekrönt wurde sie durch einen rotierenden Mercedes-Stern mit einem Durchmesser von 10 Metern. Zu den wichtigsten Attraktionen gehörte in der Erbauungszeit eine ganzjährige Kunsteisbahn, die in einem der damals noch offenen Innenhöfe untergebracht war.

Das Europa-Center war so konzipiert, dass es sowohl tagsüber als Einkaufszentrum als auch nachts als Vergnügungsort attraktiv war. Im Dunkeln leuchtete es weithin sichtbar mit seinen Reklametafeln.

IKONE

Brutalismus

Der Brutalismus leitet sich nicht, wie häufig vermutet wird, von brutal, sondern von dem französischen Begriff *béton-brut* ab, was so viel bedeutet wie Rohbeton. Die brutalistische Architektur, die sich bis in die 70er Jahre großer Beliebtheit erfreute, nahm ihren Ausgangspunkt mit Le Corbusiers 1947 bis 1952 errichteter Unité d'Habitation in Marseille (▷ S. 87 Mitte links), in der er erstmals unbearbeiteten rohen Beton mit den Abdrücken von Schalungsbrettern als Gestaltungelement verwendete. Die Blütezeit des Brutalismus fällt jedoch in die 60er Jahre.

Wichtigstes Charakteristikum des Brutalismus ist neben der Verwendung von **Rohbeton** eine starke **Plastizität** der Gebäude.

Sainte-Marie de la Tourette (1953–1958)

Das von Le Corbusier in der Nähe von Lyon erbaute Dominikanerkloster gilt als eine der Gründungs-Ikonen des Brutalismus. Insbesondere die ungestaltete, nackte Nordseite mit der Kirche (gegenüber), die sich dem sich nähernden Besucher als erstes präsentiert, ist ein Manifest aus rohem Beton.

Das Kloster, das von außen wie eine in der Landschaft gelandete Beton-Trutzburg wirkt, gehört zu den Meisterwerken Le Corbusiers. Der Architekt interpretierte in dem Gebäude den mittelalterlichen Klostertypus mit Kreuzgang, Kirche, Gemeinschaftseinrichtungen und Zellentrakt radikal neu und komponierte die Architektur entlang einer *promenade architecturale*, wie er den Weg durch seine Gebäude bezeichnete, der mit sorgfältig inszenierten Ausblicken in die Landschaft spielt.

MONUMENTALITÄT

BUNKER-ÄSTHETIK

ROHBETON

WISSENSCHAFTS-BUNKER

PLASTIZITÄT

SONNENBRECHER

Im Stil des Brutalismus wurden in erster Linie öffentliche Gebäude wie Universitäten, Forschungsinstitute (sogenannte Wissenschafts-Bunker), Schulen oder Behörden gestaltet. Sie zeichnen sich durch eine hohe **Plastizität** und die Verwendung von Roh- oder Waschbeton aus. Aber auch Kirchen und Wohnhäuser konnten brutalistisch gestaltet werden. Brutalistische Kirchen zitieren häufig eine **Bunker-Ästhetik**, während für Büro- oder Wohnhäuser wie Le Corbusiers Unités (oben sein Typ Berlin, den er im Rahmen der IBA '57 baute ▶ S. 94) vorgelagerte **Sonnenbrecher**-Strukturen aus Rohbeton charakteristisch wurden.

Nachdem der Brutalismus als Synonym für die ungeliebte späte Nachkriegsmoderne lange Zeit verpönt war, erfährt er gegenwärtig eine Art Rehabilitation. Kampagnen wie „SOS-Brutalismus", die vom Deutschen Architekturmuseum (DAM) in Frankfurt initiiert wurden, oder das Projekt „Big Beautiful Buildings", das u. a. die Stiftung StadtBauKultur NRW ins Leben gerufen hat, sorgen für ein Umdenken in der Gesellschaft, das dazu beitragen könnte, diese Bauten möglicherweise vor dem Abriss zu bewahren.

70er Jahre

Kaum eine Architektur-Mode lässt sich so gut zuordnen wie die der 70er Jahre. Nach den eher grauen und strengen ▷ 60ern kehren Farbe, Form und auch Materialvielfalt zurück. Bis zur Mitte der 70er Jahre wurde die Baupolitik der 60er „Urbanität durch Dichte" mit Großformen im Siedlungsbau und in den Innenstädten fortgesetzt. Während die Architektur der 60er jedoch von einer gewissen Kühle, einer Rationalität und Strenge gekennzeichnet war, wurden in den 70ern die Formen meistens gerundet und skulptural weichgezeichnet. Der Stil wird daher auch als „Softline-Stil" bezeichnet. Alle Formen, von der Gesamtkubatur bis zum Detail, der Betonbrüstung oder dem Blumenkasten, wurden entweder abgeschrägt oder gerundet – die „gelutschte" Ecke war Programm. Sogar Glasfassaden wurden vollplastisch ausgebildet. Mit der Energiekrise 1973 vollzog man den endgültigen Schritt zu niedrigen Raumhöhen auch in öffentlichen Gebäuden.

Die Softline-Mode schlägt sich insbesondere auch in der Gestaltung der Fenster nieder. Gerundete **Ecken**, möglichst mit einer zusätzlichen Wölbung, waren en vogue, wobei die Rundung oft nur außen angedeutet wurde und das eigentliche Fenster nicht davon betroffen war. Da die Raumhöhen niedrig angelegt waren, herrschten **quadratische Einscheibenfenster** und **querrechteckige Zwei-** und **Dreiflügelfenster** vor, aber auch polygonale Fenster mit abgeschrägten Ecken, Eck- und Bandfenster wurden verwendet. Fensterrahmen wurden farbiger – neben Blau kristallisierte sich als absolute Lieblingsrahmenfarbe **Gelb** heraus – und manchmal wurden Ober- oder Unterlichter als separate Form unter oder über die eigentlichen Fenster gesetzt. Mischtypenfassaden in serieller Setzung, die typisch für den Geschosswohnungsbau der Moderne waren (▷ S. 51, ▷ S. 85, ▷ S. 97), sind auch charakteristisch für die Architektur der 70er Jahre.

FENSTER

PSEUDO-GERUNDETE ECKEN

GERUNDETE ECKEN

SERIELL GESETZTE MISCHTYPEN

PLASTISCHE VOLLVERGLASUNG

GERUNDETE BANDFENSTER

GELBE RAHMEN

SEPARATE UNTERLICHTER

MATERIAL

Orange-Braun war zwar die beliebteste Farbkombination der 70er Jahre – in der Architektur ist sie heute jedoch nur noch selten vorhanden. Typischer für die 70er sind bis heute erhaltene **Grün-**, **Beige-** und **Brauntöne**. Fenster wurden auffallend häufig gelb gestaltet.

ORANGE-BRAUN

ELOXIERTES ALUMINIUM

FASERZEMENT

ROHBETON

MATERIAL

Zu den typischen Materialien gehörte neben **Waschbeton**, **Beton**, Faserzement (besser bekannt als **Eternit**) und Kunststoff auch **Aluminium**. Es wurde nicht nur in seiner typischen matt silbernen Farbe verwendet, sondern im Eloxal-Verfahren gefärbt – auch hier kamen meistens Grün-, Braun- und Bronzetöne zur Anwendung. Fenster, Rollläden, Sonnenblenden und andere Details wurden häufig farbig abgesetzt. Ebenso erfreute sich **Spiegelglas**, oft auch in der bronzierten Variante, großer Beliebtheit.

FORM

TERRASSENHÄUSER

SKULPTURALE SILHOUETTEN

GERUNDETE BRÜSTUNGSBÄNDER

ABGESCHRÄGTE KANTEN

In den 70ern wurde die gesamte Architektur – vom Einfamilienhaus über die architektonische Großform bis zum Detail – zur Skulptur. Neben den **gerundeten Ecken** sind auch im 45 Grad-Winkel **abgeschrägte Kanten** typisch sowie dynamisch ausschwingende Balkonbrüstungen. Großwohnkomplexe wurden plastisch durchgebildet und erhielten **lebendige Silhouetten**, **gerundete Fenster**, **Balkone**, Laubengänge, Brüstungsbänder sowie **Pflanzkästen** und sogar Glasfassaden wurden plastisch gestaltet.

Bei nicht gerundeten Varianten mit strengen Kubaturen wurden die Baukörper abgetreppt und gestaffelt (S. 118 oben links) oder als Terrassenhäuser – sogenannte Wohnhügel – angeordnet.

FORM

Zu den wichtigsten Charakteristika der Moderne gehört die Gestaltung **betonter Ecklösungen** (▶ S. 56, ▶ S. 91). Mit Beginn der 20er Jahre stießen die Gebäude an Straßenecken nicht mehr einfach zusammen, wie es in der Gründerzeit noch üblich war, sondern die Ecke wurde hervorgehoben, indem ein Scharnier zum Vermitteln eingesetzt, ein Übergang formuliert oder eine offene Lücke gelassen wurde. In den 70er Jahren erfuhr die Ecke eine besondere Betonung und wurde zum Kulminationspunkt von gestaffelten, vor- und zurückspringenden Gebäudeteilen.

SIEDLUNGEN

In der ersten Hälfte der 70er Jahre blieb das Schlagwort der 60er Jahre „Urbanität durch Dichte" (▶ S. 102) verbindliche Planungsdoktrin. Während in den Siedlungen der 60er noch in hochverdichteter Form auf die Bautypen der Moderne – Punkt- und Scheibenhochhäuser – zurückgegriffen wurde, veränderte sich in den 70ern die Bebauungsweise. An die Stelle einer aufgelockerten durchgrünten Bebauung traten nun einige wenige kompakte **raumbildende Großkörper**.

Alle Gebäudeformationen haben einen sehr **skulpturalen Charakter**. Zuweilen fand die Trennung von Fußgänger- und Autoverkehr Ausdruck in der Anlage von aufgestellten Fußgängerwegen, den sogenannten *Streets in the Sky*.

Mitte der 70er setzte der Stimmungswandel ein und die Siedlungen wurden fortan als seelenlos und unwirtlich wahrgenommen. Studenten- und Bürgerproteste wandten sich gegen die sogenannten Flächensanierungen, in denen Altbaugebiete großflächig abgerissen werden sollten, und leiteten eine neue Städtebaudoktrin ein.

ABGETREPPTE BAUKÖRPER

TERRASSENHÄUSER

STREETS IN THE SKY

RAUMBILDENDE GROSSKÖRPER

SIEDLUNGEN

MEGASTRUKTUREN

Autobahnüberbauung Schlangenbader Straße (1976–1982)

Zu den kühnsten Bauprojekten der 70er Jahre gehört die „Schlange", eine Megastruktur in Berlin-Wilmersdorf, die von Georg Heinrichs und Gerhard und Klaus Krebs entworfen wurde, um die Wohnungsnot im eingemauerten Westberlin zu lindern. Die 600 Meter lange, 14-geschossige Wohnschlange ist als Terrassenhaus angelegt, umfasst mit Nebengebäuden 1.758 Wohnungen und wird z. Z. von ca. 4.000 Menschen bewohnt.

Bemerkenswert ist die räumliche Qualität, die durch die Bebauung entstanden ist. Obwohl es sich um eine gigantische Megastruktur handelt, wurde der Gebäudekomplex mit einer erstaunlichen Sensibilität in das dicht bewohnte Gründerzeitquartier gesetzt. Trotz seiner Größe und Monumentalität ist er sehr zurückgenommen und erstaunlich wenig sichtbar, da er von keinem Standort aus als Ganzes, sondern immer nur in kleinen Ausschnitten überblickt werden kann. Selbst aus unmittelbarer Nähe tritt seine Dimension in den Hintergrund, da nur die unteren vier Geschosse sichtbar werden, während die übrigen zehn terrassenförmig nach hinten gestaffelt sind.

DDR

Die architektonischen und städtebaulichen Entwicklungen vollzogen sich in der DDR ganz ähnlich wie in Westdeutschland. Auch hier hatten **gerundete** oder **abgeschrägte Formen** Hochkonjunktur, die jedoch nicht die Fensterformen betrafen. Formsteine aus Aluminium oder Beton erfreuten sich nach wie vor großer Beliebtheit und waren ungleich fantasie- und qualitätsvoller als im Westen.

Der Großsiedlungsbau erfolgte nach ähnlichen Prinzipien wie in Westdeutschland. **„Urbanität durch Dichte"** stand im Vordergrund, wobei die Bauten weniger organisch und skulptural erscheinen. Ähnlich wie in den westdeutschen Städten entstanden Großanlagen wie Halle-Neustadt (unten) oder Berlin-Marzahn.

Im Rahmen des 1973 beschlossenen Wohnungsbauprogramms der DDR entstanden bis 1990 1,93 Millionen Wohnungen. Wichtigster Plattenbautypus der 70er Jahre war der **WBS 70** (Wohnungsbauserie 70), der in der 5-, 6- oder 11-geschossigen Variante zu den flexibelsten und wandelbarsten Plattenbautypen gehörte.

Während im Westen große Altbauquartiere der sogenannten Flächensanierung zum Opfer fielen, verrotteten die Altbaugebiete der DDR größtenteils. Wie im Westen kam es Mitte der 70er Jahre zu einer veränderten Haltung. Auslöser war das Europäische Denkmalschutzjahr 1975. Die Altstadtgebiete rückten nun auch als Wohngebiete wieder in den Fokus und eine Sehnsucht nach historischen Zeugnissen erfüllte die Gesellschaft.

URBANITÄT DURCH DICHTE

DDR

WBS 70
ALUMINIUM-WABEN
SCHEIBENHOCHHÄUSER
ZEILENBAUTEN
BRONZIERTES SPIEGELGLAS
SKULPTURALE FORMEN
BETON-FORMSTEINE

IKONE

Das Internationale Congress Centrum Berlin (1973–1979)

Die Architekten Ursulina Schüler-Witte und Ralf Schüler entwarfen das Berliner ICC in den 70er Jahren als zeitgemäße Antwort auf die unmittelbar gegenüberliegenden Messehallen, die von den Nationalsozialisten im neoklassizistischen Reduktionsstil errichtet worden waren (▶ S. 80 oben rechts).

Das 320 Meter lange und 80 Meter breite Gebäude mit seiner glänzenden Aluminium-Außenhaut erscheint wie ein Ufo oder eine Riesenamphibie, die soeben auf einer Verkehrsinsel, umspült von Auto- und Bahnverkehr, gelandet ist.

Seine vollplastischen Gesamt- und Einzelformen sowie die gerundeten Fenster machen es nicht nur zu einem Hauptwerk der 70er Jahre-Architektur. Die sichtbare Tragstruktur, die das Gebäude von oben umklammert, die Aluminiumverkleidung und die Maschinen-Inszenierung weisen es neben dem Aachener Klinikum (▶ S. 127) als eines der wichtigsten deutschen Beispiele für 70er Jahre-High-Tech-Architektur aus. Die Maschinenfaszination und Technikbegeisterung der Zeit, die sich am Außenbau ablesen lassen, finden in der Innenraumgestaltung und Organisation des Gebäudes ihre Entsprechung. Ein elektronisches Leitsystem, wie es von Flughäfen bekannt ist, schleust und verteilt die Besucher durch die verschiedenen Stationen des 80 Räume umfassenden maschinenartigen Gebäudes.

IKONE

High-Tech

In Opposition zur ▷ Postmoderne entstand in den frühen 70er Jahren die High-Tech-Architektur als radikale Weiterentwicklung der technikbegeisterten ▷ 60er Jahre-Bauweise. Zu ihren wichtigsten Charakteristika zählen **spektakuläre Tragwerkskonstruktionen**, die **stützenlose Räume** überspannen, und eine demonstrativ zur Schau getragene **Industrie-Ästhetik**, in der nicht nur die Konstruktionssysteme, sondern auch die Haustechnik mit **offenliegenden Rohren und Leitungen** regelrecht ausgestellt wurden und dekorativen Charakter erhielten.

Centre Pompidou (1971–1977)

Mehrere Gerichtsverfahren zielten darauf ab, den von Richard Rogers und Renzo Piano entworfenen Bau des Kunst- und Kulturzentrums zu stoppen oder zu verhindern. Heute gehört das Centre Pompidou neben dem Eiffelturm zu den wichtigsten und eigenwilligsten Sehenswürdigkeiten der Stadt Paris.

Die Architekten wurden der Aufgabe, eine möglichst flexible Ausstellungsfläche zu schaffen, gerecht, indem sie buchstäblich das gesamte Stahlrahmen-Konstruktionssystem und die Gebäudetechnik, die normalerweise im Gebäudeinneren versteckt wird, nicht nur nach außen an die Fassade verlegten, sondern außerdem als Dekorationssystem nutzten. Aufzüge, Rolltreppen, Korridore und Fluchtwege ordneten sie an der Westfassade (oben) zur Piazza hin an, während die Gebäudetechnik auf die rückwärtige Ostseite (gegenüber) gelegt wurde. Die blauen Röhren dienen der Sauerstoff-, die grünen der Wasserversorgung; in den gelben Röhren werden Stromkabel gebündelt und die roten Partien markieren Aufzüge, Treppen und Rolltreppen. Während die Fassade auf der Platzseite den Eindruck von Leichtigkeit, Transparenz und Plastizität vermittelt, erinnert die geschlossen wirkende Rückseite eher an die Architektur eines Kraftwerkes als an die eines Kunst- und Kulturzentrums.

SICHTBARE KONSTRUKTIONEN

DEKORATIVE LÜFTUNGSROHRE

STILMIX

DEKORATIVE KONSTRUKTIONEN

DEKORATIVE HAUSTECHNIK

MASCHINEN- UND INDUSTRIE-ÄSTHETIK

Reine High-Tech-Architekturen sind in Deutschland rar – zu den wichtigsten Beispielen gehören das Klinikum in Aachen, eine Megastruktur aus den 70er Jahren (oben), das Münchener Olympiastadion von Frei Otto und das Internationale Congress Centrum Berlin (▶ S. 122).

War die High-Tech-Architektur als Antipode zur Postmoderne entstanden, verwischte die Grenze zwischen beiden Stilen in den 80er Jahren zunehmend, wie am Stilmix des Mannheimer Stadthauses erkennbar ist. Das Gebäude, das an seiner Nord-Ost-Seite den Rathaustypus mit zentralem Turm und repräsentativer Freitreppe zitiert (gegenüber Mitte rechts) und auf eine klassizistische Formensprache mit Tempelgiebel zurückgreift, wechselt in der Architektur des Turms und der Gebäudeflanken (gegenüber oben links) in eine High-Tech-Formensprache mit nach außen verlegter Konstruktion und einem zarten Stahlstreben-Raster, das an die Bauweise des Centre Pompidou erinnert.

Stilprägend wurden eine demonstrative **Maschinen-** und **Industrie-Ästhetik** sowie eine **dekorativ zur Schau gestellte Haustechnik** wie frei gelegte **skulpturale Versorgungs-** und **Lüftungsrohre**, die auch Eingang in das Formenrepertoire der Postmoderne fanden, wie am Beispiel der Stuttgarter Staatsgalerie deutlich wird (gegenüber oben rechts und ▶ S. 136).

80er Jahre / Postmoderne

Bereits in den 70er Jahren war die Moderne in die Kritik geraten und wurde zunehmend als seelenlos und unwirtlich empfunden (▷ S. 118). In den USA hatte sich schon in den späten 60er Jahren die sogenannte Postmoderne als Gegenmodell entwickelt, die ihren Höhepunkt in Deutschland in den 80er Jahren hatte und noch bis in die 90er Jahre hineinwirkte. Die Gebäude wurden farbig und verspielt und erhielten häufig eine ironische Note. Ziel war es, die Architektur wieder in den Bereich der „atmosphärischen Künste" zu erheben und anstelle des *form follows function* der Moderne ein *form follows fiction* treten zu lassen. Zum ersten Mal seit Beginn der Moderne ging es nicht mehr darum, die Vergangenheit zu überwinden, sondern die Architekturgeschichte wurde im Gegenteil als Fundus begriffen, aus dem beliebig geschöpft werden konnte. Insbesondere die Formen des klassischen Systems, wie Säulen, Dreiecksgiebel oder Gesimsbänder, erfuhren eine Renaissance, wobei sie als übersteigerte Einzelformen häufig ein Eigenleben führten.

Das **„anything goes"** spiegelte sich auch in der Gestaltung und Setzung von Fenstern. Vom **konventionellen Fensterformat** (z. B. Kreuzstock- oder Zweiflügelfenster mit oder ohne Binnengliederung) über das Bullauge bis hin zum sternförmigen Fenster oder der Spiegelglasfassade war alles möglich. Fenster unterschiedlicher Größen und Formate wurden zu Gruppen montiert, historische Fenstertypen neu interpretiert oder ironisch verfremdet, und das **Sprossenfenster** mit **quadratischen Sprossen** feierte ein Comeback. Zum charakteristischsten Format wurde das **quadratische Fenster** mit **Mittelkreuzstock-Gliederung**, das jedoch ebenfalls vor einer ironischen Paraphrasierung nicht gefeit war, wie **verspielte ironische Formate** mit eingeschriebenen quadratischen Mittelkreuzstock-Motiven belegen. Bei größeren quadratischen Fenstern wurde alternativ auch gern auf eine Untergliederung in **3 × 3 quadratische Sprossen** zurückgegriffen, während das Einscheibenfenster nur bei sehr kleinen Formaten verwendet wurde.

FENSTER

MATERIAL

KLINKER

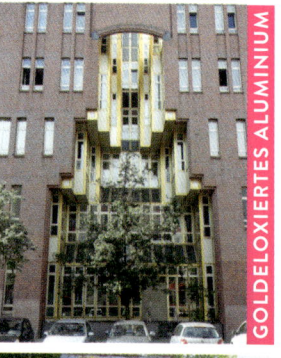
GOLDELOXIERTES ALUMINIUM

GLAS

FARBEN

NATURSTEIN

HOCHGLANZ

GLASBAUSTEINE

STAHLTRÄGER

MATERIAL

FARBAKZENTE

Die postmodernen Architekten bedienten sich zur Verkleidung und Dekoration ihrer Gebäude einer großen **Materialvielfalt**. Klinker, Putz, Naturstein und Glas existieren nebeneinander genauso wie Glasbausteine, (vergoldetes) Aluminium und Stahl. Lediglich Sichtbeton verschwand fast vollkommen aus dem Repertoire der Architekten, da es darum ging, eine radikale Abkehr von der Moderne und insbesondere vom ▶ Brutalismus zu formulieren. Auch der als Eternit bekannte Faserzement verschwand in den 80ern zunehmend als Fassadenverkleidung, da die gesundheitsschädlichen Auswirkungen des Asbests bekannt wurden. An seine Stelle trat eine Vorliebe für glatte, auf **Hochglanz** polierte Materialien wie Stein oder Stahl und **Spiegelglas**.

Farbe erhielt als Gestaltungsmittel sowohl flächendeckend als auch akzentuierend eine neue Bedeutung. Beliebt waren **Pastelltöne**, insbesondere Türkis, Hellblau und Violett.

FORM

Die Postmoderne ist gekennzeichnet von einem fantasievollen, spielerischen Rückgriff auf historische Motive und wirkt zuweilen, als hätten die Architekten mit Bauklötzen gespielt. Einzelformen wie **Säulen**, **Giebel** oder **Gebälke** wurden zitiert, aber auch historische Gebäudetypen wie **Tempel**, **Paläste** oder **Villen**.

Als wichtigstes Gegenbild zum sogenannten Funktionalismus proklamierten die Theoretiker und Architekten der Postmoderne den „dekorierten Schuppen". Demzufolge konnte jeder banale „Kasten" mithilfe von Fassadengestaltung und Dekoration jegliches Aussehen erhalten. Diese Beliebigkeit und ein unverhohlener Hang zum Kitsch waren es auch, die vielfach kritisiert und als ein Mangel an Qualität angesehen wurden.

Neben dem postmodernen Formenrepertoire erfreute sich das Motiv des Ozeandampfers in den 80er Jahren erneut großer Beliebtheit (▶ S. 50).

FORM

WOHNANLAGEN

MIETSKASERNENTYPUS

MEHRFAMILIENHÄUSER

VILLENTYPUS

IBA '87 Berlin

Die Internationale Bauausstellung markierte den konsequenten Bruch mit dem Städtebau der Moderne und stand unter dem Schlagwort „Stadtreparatur". Nach Jahrzehnten der Funktionstrennung zielte die IBA darauf ab, das Wohnen wieder in die Innenstadt zurückzuholen. Die Bauausstellung war inhaltlich zweigeteilt in die sogenannten IBA-Alt und IBA-Neu. Die IBA-Alt unter Leitung von Hardt-Waltherr Hämer hatte sich dem Thema „behutsame Stadterneuerung" verschrieben und demonstrierte der Öffentlichkeit, dass es möglich war, die jahrzehntelang verpönten Gründerzeit- und Altbaubestände zu sanieren.

Die IBA-Neu unter Leitung von Josef Paul Kleihues hatte sich unter dem Schlagwort „Kritische Rekonstruktion" das Bauen im historischen Bestand zum Ziel gesetzt. **Historische Bautypen** wie der **Palasttypus**, die **Mietskaserne** in **Blockrandbebauung** – eben noch von der Moderne verschmäht und geächtet – oder der **Villentypus** dienten als Inspirationsquelle für neue Mehrfamilienhauskonzepte.

DDR

HISTORISIERENDER FANTASIE-DEKOR

Das europäische Denkmalschutzjahr 1975 hatte in der Öffentlichkeit eine neue Begeisterung für historische Architektur hervorgerufen und dazu geführt, dass die Stadt zunehmend wieder als Ganzes betrachtet wurde. 1982 wurde die neue Doktrin „Bauen in der Innenstadt" verabschiedet, die festlegte, dass Neubauten vorzugsweise nicht mehr am Stadtrand in Großsiedlungen, sondern in der Innenstadt entstehen sollten. In der Folge versuchte man, die Plattenbauweise in die existierende Blockrandbebauung einzufügen und ästhetisch den bestehenden Gebäuden anzupassen, indem z. B. **kleinteilig** mit Erkern oder Arkaden gebaut wurde und die Häuser gegebenenfalls **giebelständig** mit einem zur Straße hin ausgerichteten Schaugiebel (gegenüber oben rechts) errichtet wurden.

Anlässlich der 750-Jahr-Feier Berlin (parallel zur IBA '87 in Westberlin) wurde in zwei zentralen Bereichen des historischen Zentrums, dem Nikolaiviertel und dem Gendarmenmarkt, großflächig Stadtreparatur betrieben. Das fast vollständig zerstörte Nikolaiviertel wurde teils rekonstruiert und teils in **historisierender Plattenbauweise** errichtet (gegenüber oben links). Auf dem Gendarmenmarkt wurden Schinkels Schauspielhaus sowie der Französische und der Deutsche Dom wiederaufgebaut und die einfassende Randbebauung in einer **fantasievollen historisierenden Plattenbebauung** gestaltet. Zur Anwendung kamen Anleihen an die Renaissance oder den ▶ Jugendstil, **Säulen**, **Kapitelle**, **Arkaden**, **Mosaike** und anderer Bauschmuck, der irgendwie als historisch wahrgenommen wurde, ohne dass dabei an einen spezifischen Stil erinnert werden sollte.

Diese behutsame Form der Stadtreparatur war auch eine wichtige Inspirationsquelle für die „kritische Rekonstruktion" der Westberliner IBA-Architekten.

DDR

GIEBELSTÄNDIGKEIT

HISTORISIERENDE KLEINTEILIGKEIT

RENAISSANCE-PLATTENBAU

HISTORISIERENDE ERKER

HISTORISIERENDE PLATTENBAUWEISE

JUGENDSTIL-ANLEIHEN

MOSAIKEN

IKONE

Die Neue Staatsgalerie Stuttgart (1977–1984)

Der von James Stirling, Michael Wilford & Associates errichtete Erweiterungsbau der Stuttgarter Staatsgalerie gilt als Schlüsselwerk der Postmoderne in Deutschland. Stirling schuf ein beinahe surrealistisch anmutendes Konglomerat aus gedrungenen, sandsteinverkleideten Bauvolumen, die sich über Rampen und eine abwechslungsreiche Folge von Außenräumen erschließen lassen. Sie werden durch poppige Farben, moderne geschwungene Glasflächen, bonbonfarbene Röhren, aber auch durch ein irrwitziges Spiel aus historischen Motiven und Zitaten belebt.

Im Zentrum der Anlage befindet sich die sogenannte Rotunde (gegenüber links), ein zweigeschossiger offener Zylinder mit einem Statuenhof, zu dem ein öffentlicher Durchgang über eine Rampe führt.

IKONE

Die Rotunde evoziert mit ihrer bepflanzten Umfassungsmauer, der Arkade, den Abgüssen antiker Statuen und dem halb im Boden versunkenen Eingangsportal Assoziationen an antike Ruinen – ein Motiv, das dem Besucher schon auf Straßenniveau in der Gestaltung der Parkhauswände begegnet. Hier wurden aus der Wand massive Steine scheinbar herausgebrochen und als dekorative Trümmer auf der davorliegenden Grasfläche präsentiert (unten rechts).

Ein wichtiges Ziel der postmodernen Architekten bestand darin, mehrfach kodierte Werke zu schaffen, die sich nicht nur an ein Fachpublikum, sondern auch an eine breite Öffentlichkeit richten. Während die poppigen Farben und die Assoziationen an antike Ruinen jedermann ansprechen, kann der architekturkundige Besucher zudem eine Fülle von Zitaten und Anspielungen sowohl auf die internationale als auch die Stuttgarter Baugeschichte in dem Gebäude entdecken. So erinnert die Rotunde an jene in Schinkels Altem Museum in Berlin, die ihrerseits das römische Pantheon zitiert. Die Rampen und die mit ihnen inszenierte *promenade architecturale* spielen auf Le Corbusier an, der zwei Häuser in der Stuttgarter Weissenhofsiedlung gebaut hatte – um hier nur einige wenige Zitate zu benennen. Auf diese Weise übernimmt der Außenbau eine ähnliche Funktion wie die Kunstsammlung im Inneren des Museums – er wird zur Sammlung und Ausstellungsfläche architektonischer Zitate.

Dekonstruktivismus

Wie die ▷ Postmoderne war auch der Dekonstruktivismus, der in den 80er Jahren aufkam und seine Blütezeit in den 90er Jahren und rund um die Jahrtausendwende hatte, ein Bruch mit der Moderne. Anstelle einer Architektur des rechten Winkels und des Prinzips von Stütze und Last traten **schiefe Wände**, scharf geschnittene, zerstückelte und **zersplitterte**, aber auch **amorphe** und **organische Formen**. Der Dekonstruktivismus war ein Angriff auf die Sehgewohnheiten, da es nicht darum ging, Harmonie zu erzeugen, sondern mit **scheinbar instabilen Formen**, **Brüchen** oder **Verformungen** gearbeitet wurde.

Charakteristisch für den Dekonstruktivismus sind **frei platzierte**, **verformte**, **plastische** oder unregelmäßig **polygonale Fenster** und Gebäudeöffnungen.

Jüdisches Museum Berlin (1993–1998)

Das von Daniel Libeskind entworfene Gebäude ist eine sogenannte *architecture parlante*, eine sprechende Architektur, in der der Architekt versuchte, die deutsch-jüdische Geschichte zu erzählen und für den Besucher physisch erlebbar zu machen, welche Leerstelle die Zerstörung jüdischen Lebens durch die Nationalsozialisten in Deutschland gerissen hatte.

Das zeichenhafte Gebäude erhebt sich über einem unregelmäßigen zickzackförmigen Grundriss und ist verkleidet mit einer Titanzinkhaut, die von langen Fensterschlitzen kreuz und quer über alle Geschosse hinweg förmlich aufgerissen wird. Sowohl die Grundrissfigur als auch das überspannende Fensternetzwerk wurden dem Architekten zufolge aus der Verortung jüdischer Geschichte und den Adressen bedeutender jüdischer Persönlichkeiten im Berliner Stadtgrundriss abgeleitet. Im Inneren des Gebäudes trifft der Besucher auf die sogenannten „Voids" – Leerräume, die das Gebäude in seiner gesamten Höhe durchdringen.

VERFORMUNGEN

VERZERRUNGEN

SCHEINBARE INSTABILITÄT

PLASTISCHE FENSTER
ORGANISCHE FORMEN

SCHIEFE WÄNDE

SPITZE WINKEL

SPLITTERFORMEN

Der Dekonstruktivismus ist offiziell erst in den 80er Jahren entstanden, aber bereits in den 50ern hatte Sergius Ruegenberg im Rahmen der IBA '57 (▶ S. 94) dekonstruktivistisch gebaut. Sein Einfamilienhaus (oben), das formal auf Bewegungs- und Funktionsabläufe sowie die Sonneneinstrahlung ausgerichtet wurde und mit unregelmäßigen **spitzen Winkeln** und einem demonstrativ von innen nach außen durchlaufenden Stahlträger spielt, ist ein frühes Beispiel für einen freien, spielerischen Umgang mit architektonischen Elementen, die für den Dekonstruktivismus typisch wurden.

Charakteristisch für den Dekonstruktivismus war aber auch der Hang zur aufmerksamkeitsheischenden **Spektakel-** oder **Landmark-Architektur**, der typisch für die 90er Jahre wurde und als „Gehry-Effekt" Eingang in die Architekturgeschichte fand. Nachdem Frank O. Gehrys skulpturaler Entwurf für das Guggenheim-Museum in Bilbao mit seinen fließenden Formen zur Touristenattraktion geworden war und der spanischen Hafenstadt zu einem ungeahnten Aufschwung verholfen hatte, versuchten andere Städte diesem Erfolg nachzueifern. Überall, auch in der Provinz, entstanden architektonische Spektakel und ein beispielloser Starkult um Architekten wie Gehry, Rem Koolhaas, Daniel Libeskind, Zaha Hadid und andere.

90er Jahre

Die 90er Jahre sind stilistisch schwer zu fassen – alles war möglich. Sie standen im Zeichen der dekonstruktivistischen Landmark-Architektur, des Starkults um berühmte Architekten (▷ S. 141) und der deutschen Wiedervereinigung. Die wichtigste Neuerung war der Einzug des Computers in die Architekturbüros; mit einem Mal ließen sich komplizierteste Formen, die bislang nur unter größtem Aufwand oder gar nicht hergestellt werden konnten, vergleichsweise einfach errechnen und entwerfen. Charakteristisch für viele Architekturen der 90er Jahre ist, dass den Gebäuden im fertigen Zustand noch anzusehen ist, wie sie sich als animierte Grafiken auf dem Bildschirm gedreht haben. Insbesondere die Landmark-Architekturen sind skulpturale Solitäre, die in der Regel ohne jeglichen Bezug zum städtebaulichen Kontext auskommen. Sie lesen sich als Statement dessen, was technisch und gestalterisch machbar war. Das betrifft auch die **skulpturalen Glasfassaden**, die häufig einen organisch-spielerischen oder futuristischen Charakter haben.

Verbindliche Aussagen über Charakteristika der 90er Jahre-Architektur zu treffen, erscheint angesichts der Pluralität kaum möglich. Das betrifft auch die Fenstergestaltung. Die 90er Jahre sind die einzige Dekade im 20. Jahrhundert, in der keine wirklichen Vorlieben für bestimmte Typen entwickelt wurden. Alle gängigen modernen Formate vom quadratischen Einscheibenfenster über das Bandfenster bis zu quer- und hochrechteckigen Zwei- oder Mehrflügelfenstern ohne Binnengliederung sowie sämtliche Materialien von Holz- über Kunststoff-, Aluminium- bis Stahlrahmen existierten nebeneinander. Als einzige echte Neuerung ist das Aufkommen von **Achsenverschiebungen** zu nennen, die nach der Jahrtausendwende zum State of the Art werden sollten, aber in den 90er Jahren ihre Wurzeln hatten (▷ S. 150). Auch die freie Setzung unterschiedlicher Fensterformate kam nach einigen Jahrzehnten Pause in den 90er Jahren wieder auf.

FENSTER

BILDSCHIRM-ARCHITEKTUREN

VERSETZTE FENSTERACHSEN

GÄNGIGE MODERNE FENSTERFORMATE

SKULPTURALE GLASFASSADEN

UNTERSCHIEDLICHE FORMATE

FREIE SETZUNG

MATERIAL

In den 90er Jahren kamen alle erdenklichen Materialien zur Anwendung; neben **Glas-Stahl-Konstruktionen** wurde mit Klinker, Naturstein, Kunststoff, Beton, aber auch mit unterschiedlichsten Metallblechen verkleidet. Wie sich am Vorzeige-Großprojekt der 90er Jahre, dem Potsdamer Platz in Berlin, beobachten lässt, erfreute sich insbesondere **Terrakotta** in allen Farbnuancen großer Beliebtheit, aber auch **Hochglanzfassaden** aus Glas oder polierten Steinoberflächen und Stahl sind typisch für diese Zeit.

MATERIAL

SPIEGELGLAS

HOCHGLANZ-OBERFLÄCHEN

KUNSTSTOFF

BETON

NATURSTEIN

GLAS-STAHL-FASSADEN

KLINKER

STAHLRAHMENFENSTER

FORM

POSTMODERNE FORMENSPRACHE

HIGH-TECH-KONSTRUKTIONEN

GEWAGTE KONSTRUKTIONEN

HISTORISIERENDE ARCHITEKTUREN

HIGH-TECH-ARCHITEKTUR-MASCHINEN

HISTORISIERENDE ARKADEN

FORM

KREDITHÜGEL

Auch bezüglich der Formensprache der 90er Jahre ist es kaum möglich, generalisierende Aussagen zu treffen. Die Zeit war von äußerster Pluralität und einem Nebeneinander unterschiedlichster Stile gekennzeichnet. Neben dem ▶ Dekonstruktivismus existierten weiterhin auch die ▶ Postmoderne (gegenüber oben links) und die ▶ High-Tech-Architektur (gegenüber unten links, oben rechts). Der Einzug des Computers in den Entwurfsprozess ermöglichte kühne und **gewagte Konstruktionen**. Gleichzeitig wurden aber auch **historisierende Rückgriffe** immer populärer, wie das Quartier 206 (gegenüber Mitte rechts), das vom Art déco der 20er Jahre inspiriert war, oder Hans Kollhoffs Leibnizkolonnaden in Berlin (gegenüber unten rechts), in denen der Reduktionsstil neu aufgelegt wurde (▶ S. 45), erkennen lassen.

In den Neuen Bundesländern entstanden in den 90er Jahren großflächige Ein- oder Mehrfamilienhaussiedlungen, die im Volksmund auch als **„Kredithügel"** bezeichnet wurden. Sie unterscheiden sich von den westdeutschen Einfamilienhausgebieten dadurch, dass „gemetert", sprich ein und derselbe Haustyp seriell wiederholt wurde, während die westdeutschen Privathaussiedlungen individueller und in der Regel nicht von Investorenhand geprägt waren. Durch die Abwanderungsbewegungen von Ost- nach Westdeutschland und von den Innenstädten in die Siedlungen am Stadtrand wurde Ende der 90er Jahre das Phänomen der „schrumpfenden Stadt" mit massiven Leerständen in den Innenstädten und Plattenbaugebieten virulent.

IKONE

Das Bundeskanzleramt (1997–2001)

Zu den bedeutendsten Bauwerken der 90er Jahre gehören die Regierungsgebäude der neuen wiedervereinigten Hauptstadt Berlin und allen voran das Kanzleramt. 1993 gewannen Axel Schultes und Charlotte Frank den städtebaulichen Wettbewerb für die Neugestaltung des Regierungsviertels. Ihr preisgekrönter Entwurf sah eine geradlinige, rund 900 Meter lange Gebäudestruktur vor, die quer über den Spreebogen geführt wird und beide Ufer der Spree, die die ehemalige Grenze zwischen Ost- und Westberlin markierte, miteinander verbindet, indem der Fluss zweimal gekreuzt wird.

Wichtigstes Bauglied des sogenannten „Band des Bundes" ist das Kanzleramt (unten), das von Schultes und Frank gebaut wurde, nachdem diese 1995 auch den Einzelwettbewerb gewonnen hatten. Das Gebäude, das noch in der „Ära Kohl" geplant wurde, markiert einen Bruch mit der Bonner Baupolitik der Nachkriegszeit, die durch eine explizite Bescheidenheit und programmatische Anti-Monumentalität geprägt war.

IKONE

Ganz anders der Berliner Neubau: Das Kanzleramt gilt als größtes Regierungshauptquartier der Welt und soll achtmal größer sein als das Weiße Haus in Washington, was ihm im Volksmund u. a. den Spitznamen „Kohlosseum" eingebracht hat. Auch in seiner Architektur- und Formensprache ist das Gebäude monumental und greift auf historisierende Würdeformeln zurück. So erinnert die Komposition aus dem zentralen Mittelkubus, der zwischen zwei niedrigere flankierende Bürotrakte gespannt wurde, an eine barocke dreiflügelige Schlossanlage mit Ehrenhof. Der symmetrische Fassadenaufbau und die plastisch gestaffelte Gliederung aus Stützen und ovalen Wandschirmen lassen Assoziationen mit barocken Palast- und Villenanlagen zu. Durch die Transparenz der Glasfassade im Hintergrund wird diese Formensprache jedoch in postmoderner Manier konterkariert und damit entschärft.

Zu dem Ensemble „Band des Bundes" gehören auch das Paul-Löbe-Haus mit den Abgeordnetenbüros und Sitzungssälen sowie das Marie-Elisabeth-Lüders-Haus (oben), das u. a. den Großen Anhörungssaal und die Bundestagsbibliothek beherbergt. Beide Gebäude wurden von Stephan Braunfels entworfen und von 1997 bis 2003 errichtet. Nicht realisiert wurde das sogenannte Bürgerforum, welches Bundeskanzleramt und Paul-Löbe-Haus miteinander verbinden sollte und Bestandteil des Braunfels-Entwurfs war.

Gegenwart

Eine exakte Grenze zwischen der Architektur der ▷ 90er Jahre und der Gegenwart zu ziehen, ist kaum möglich, da die Tendenzen fast nahtlos weitergeführt wurden. Umso erstaunlicher ist es, dass sich die Architektur der Gegenwart dennoch recht gut unterscheiden lässt. So erscheinen zum einen die computergenerierten Formen noch freier und organischer, was mit den leistungsfähigeren Rechnern und Programmen zu tun hat. Zum anderen prägt die Technologie in Gestalt von Medienfassaden inzwischen immer häufiger die äußere Erscheinung der Architektur selbst und verleiht ihr z. B. mithilfe von LED-Oberflächen ein wandelbares Aussehen. Parallel dazu entwickelte sich aus den ersten historisierenden Rückgriffen der 90er Jahre ein *anything goes* in der Gegenwart (▷ Neo-Stile). Am deutlichsten kristallieren sich die Unterschiede jedoch an den Fenstervorlieben heraus.

Nach der Jahrtausendwende wurden die Fenster wieder zu einem starken und eigenständigen Gestaltungsmittel. Alle gängigen modernen quer- und hochrechteckigen Formate vom Einscheiben- übers Zwei- oder Mehrflügelfenster ohne Binnengliederung bis zum Band- und Eckfenster sowie sämtliche Materialien von Holz- über Kunststoff-, Aluminium- bis Stahlrahmen waren möglich. Das für die Gegenwart bezeichnendste Format ist jedoch das überdehnte hochrechteckige **„Schießschartenfenster"**. Es kommt in **axialer**, häufiger aber noch in **achsenverschobener Setzung** vor. Generell gehören Achsenverschiebungen, die ja bereits in den 90er Jahren aufkamen (▷ S. 142), zum beliebtesten Gestaltungsmittel. Die **Setzung ist freier** als in den 90ern und es wird mit **unterschiedlichen Formaten** und Größen, zuweilen auch mit der Setzung innerhalb der Wand, gespielt. Seit ca. 2010 lässt sich zudem eine Vorliebe für meist breite **Fenster-Faschen** (Umrahmungen) feststellen, die sich auch in das Spiel mit den verschobenen Achsen einbeziehen lassen und entweder eine Achsenverschiebung optisch aufheben oder umgekehrt eine Axialität verschleiern können.

FENSTER

GEKRÜMMTE BANDFENSTER
VERSETZTE FENSTERACHSEN
AXIALE SCHIESSSCHARTEN
MEDIENFASSADEN
ECKFENSTER
VERSCHLEIERTE VERSCHIEBUNGEN
FREIE SETZUNG
UNTERSCHIEDLICHE GRÖSSEN
VERSETZTE SCHIESSSCHARTEN
FASCHEN
SETZUNGEN IN DER WAND

MATERIAL

VOLLVERGLASUNG

LED-MEDIENFASSADEN

METALL-LAMELLEN

SICHTBETON

HOLZ

NATURSTEIN

ORNAMENT-BETONPLATTEN

METALLGEWEBE

MATERIAL

Die Materialvielfalt hat noch einmal zugenommen. Neben Glas, Klinker, Putz und Holz erleben Sichtbeton, aber auch **Natursteinverkleidungen** ein offensichtliches Comeback. Hinzu kommen semitransparente Verkleidungen aus **Metall**: Sie können aus Lochblech, Metallgewebe oder Metall-Lamellen bestehen.

Anders als der Sichtbeton des ▶ Brutalismus, an dem sich Holzverschalungen abdrücken, ist der Beton der Gegenwart von einer **glatten Schalungshaut** geprägt, kann aber auch Ornamente oder Reliefierungen enthalten. Neu ist die Medienfassade, die sich über LED-Technologie beschriften, bespielen oder farblich verändern lässt.

Ein echtes Revival hat das **Ornament** in der Architektur der Gegenwart erfahren. Neben den bereits erwähnten Beton-Ornamenten erfreuen sich Klinker-Ornamente wieder großer Beliebtheit, es ist aber auch bedruckter Kunststoff und sogar Fotobeton möglich. Häufig sind Balkonbrüstungen Träger floraler Ornamente, aber auch Faschen können ornamentiert sein.

FORM

Organische Architektur

Mithilfe moderner Entwurfssoftware für Architekten ist es möglich geworden, biomorph gerundete **organische Formen**, die bereits in den 90er Jahren ihren Ausgangspunkt genommen hatten, weiterzuentwickeln. Die Formen der Gegenwart wurden zwar auch als **skulpturale Solitäre** geplant – sie beherbergen in der Regel öffentliche Gebäude wie Museen oder Bibliotheken –, aber anders als die expressiven dekonstruktivistischen Bauten der 90er Jahre (▶ S. 138) erscheinen sie nicht so effektheischend, sondern ruhen stärker in sich und wirken harmonischer.

Eine Untergattung der organischen Architektur bildet die sogenannte Blob-Architektur. Ihr Kennzeichen sind **fließende**, **skulpturale Glasfassaden**, die häufig Assoziationen mit erstarrten Flüssigkeiten evozieren. Das Kunsthaus Graz von Peter Cook (unten rechts) ist ein Beispiel für diese Architekturgattung.

ORGANISCHE FORMEN

SKULPTURALE SOLITÄRE

FLIESSENDE FORMEN

SKULPTURALE GLASFASSADEN

BIOMORPHE WÖLBUNGEN

FORM

SUBLIME ASYMMETRIEN

TOWNHOUSES

KONVENTIONELLE FENSTERFORMATE

SCHUBLADENBALKONE

KASTENBALKONE

Das gesamte Spektrum der derzeitigen Wohn- und Geschäftshausarchitektur lässt sich am besten an den Townhouses studieren, den sehr schmalen, mehrgeschossigen Innenstadt-Reihenhäusern, die ursprünglich aus der englischen bzw. niederländischen Architekturtradition stammen. Individuelle Gestaltung ist hier Programm; auf engstem Raum stehen alle gegenwärtigen Modeerscheinungen mit ihren modernen oder historisierenden Spielarten nebeneinander.

Zu den charakteristischen Formen der Gegenwart gehört neben den „Schießschartenfenstern" und allgegenwärtigen Achsenverschiebungen auch der vorgesetzte **Kastenbalkon**. Er ist in der Regel aus einem anderen Material als die restliche Fassade und wirkt wie von außen angeklebt. Über die Balkondramaturgie lässt sich **Asymmetrie** in regelmäßige Fassaden bringen; diese kann auffällig formuliert sein, wie das Beispiel mit den „Schubladen-Balkonen" zeigt (unten links), oder ganz sublim, indem durch leicht variierende Balkontiefen Asymmetrie erzeugt wird (oben links).

IKONE

Die Elbphilharmonie Hamburg (2003–2016)

Die Elbphilharmonie ist nicht nur Ikone und Wahrzeichen Hamburgs, sondern dürfte das architektonische Ereignis der Gegenwartsarchitektur schlechthin sein. Schon jetzt wird sie als Jahrhundertbauwerk und modernes Weltwunder tituliert. Der Entwurf stammt aus der Feder des Schweizer Architekturbüros Herzog & de Meuron und ist nicht etwa aus einem Wettbewerb hervorgegangen, sondern auf private Initiative hin entstanden.

Das Gebäude, das neben der Philharmonie auch ein Hotel, Gastronomie und Eigentumswohnungen beherbergt, befindet sich am westlichsten Ende der neu errichteten Hafencity und ist auf drei Seiten von Wasser umspült. Mit seiner geschwungenen Dachform, die sich zu einer Höhe von 120 Metern aufschwingt, wirkt es wie eine dramatisch erstarrte Welle, lässt aber auch Assoziationen mit einem Segel, einem glitzernden Kristall oder Gebirge zu.

IKONE

Als Sockel dient dem Gebäude der entkernte keilförmige Kaispeicher A, ein nüchterner, verklinkerter Industriebau aus den 60er Jahren, in dem u. a. das Parkhaus untergebracht ist. Zwischen Sockel und Glasaufbau befindet sich in 37 Meter Höhe ein Luftgeschoss mit der öffentlichen Plaza, die die Größe des Hamburger Rathausmarktes besitzt. Darüber erhebt sich die High-Tech-Glasfassade, in die ein Licht- und Wärmeschutz mittels einer gerasterten Folie eingearbeitet ist. Ein interessanter Effekt entsteht dadurch, dass in das glatte Fassadenglas kleinteilige Wellen und plastisch herausgebildete halbkreisförmige Fenster eingearbeitet sind, die das Auge nur schwer erfassen kann (unten). Sie brechen die Licht- und Himmelsreflexionen ähnlich wie Wasser und beleben so die mächtige Fassade.

Missmanagement, ein 18-monatiger Baustopp und explodierende Kosten, die am Ende zehnmal höher als geplant ausfielen, verwandelten das Projekt zwischenzeitlich in einen Skandalbau. Nach der Fertigstellung war der Ärger schnell vergessen, weil – und auch dies macht das Gebäude zu einem einzigartigen Phänomen – das fertige Ergebnis in seiner Qualität noch besser war, als es die Entwurfsgrafiken versprochen hatten. Und diese waren immerhin so überzeugend gewesen, dass die Hamburgische Bürgerschaft 2007 ohne Wettbewerb einstimmig dem Bau zugestimmt hatte.

GEGENWART

Neo-Stile

Nachdem im Rahmen der IBA '87 (▷ S. 133) unter dem Schlagwort der „Kritischen Rekonstruktion" historische Bautypen und Dekorationsformen neu interpretiert worden waren, nahmen die historisierenden Bezüge in den 90er Jahren zunächst vorsichtig und in der Gegenwartsarchitektur dann rasant zu, ohne dass dies groß thematisiert wird. Während in den 90ern insbesondere das ▷ Neue Bauen und die ▷ Gründerzeit als Inspirationsquellen für die Architekten dienten, hat Letztere nach der Jahrtausendwende sogar Eingang in die massenproduzierte Investorenarchitektur gefunden und die Architekten begannen zunehmend, auch auf andere Epochen der Moderne zurückzugreifen. Neben den nach wie vor beliebten Rückgriffen auf das Neue Bauen erfährt derzeit insbesondere der ▷ Expressionismus eine Renaissance. Ebenfalls beliebt ist die ▷ 50er Jahre-Architektur in unterschiedlichsten Facetten und auch Rückgriffe auf die ▷ 60er Jahre sind kein Tabu mehr. Besonderer Beliebtheit erfreut sich derzeit die Architektur der ▷ 70er, was vor wenigen Jahren noch undenkbar gewesen wäre, da die Zeugnisse dieser Epoche lange Zeit als „Bausünden" angesehen wurden. Aber der Architekturgeschmack ist launisch. In der Regel dauert es 15 bis 25 Jahre, bis architektonische Moden nahezu zwangsläufig in Ungnade fallen, was jedoch nicht bedeutet, dass sie nach einer gewissen „Karenzzeit" nicht wieder zurückkehren können. Es ist daher nur eine Frage der Zeit, wann die postmodernen Formen der 80er Jahre wieder salonfähig und sich als Zitate in der Gegenwartsarchitektur niederschlagen werden. Zuvor aber dürfte eine Neo-Brutalismus-Welle zu erwarten sein, da der lange Zeit verpönte Brutalismus gegenwärtig mithilfe von Kommunikationsprojekten aufgewertet wird und täglich neue Anhänger findet.

Rekonstruktion

Da viele Städte heute noch traumatisiert sind von den Folgen, die der Nachkriegsstädtebau mit seinen sogenannten Flächensanierungen und den bezugslosen großen Stadtbausteinen mit sich brachte (▶ S. 96 und ▶ S. 112), halten sich Experimentierfreude und ein Glaube an die jeweils zeitgenössische Architektur vielerorts in Grenzen. Bestenfalls in der Landmark-Architektur der Stararchitekten (▶ S. 141) werden noch zuverlässige Erfolgsrezepte gesehen; darüber hinaus tendieren viele Städte dazu, möglichst unauffällig, um nicht zu sagen unsichtbar zu bauen. Es wird gern auf Historismen zurückgegriffen und viele Städte würden am liebsten großflächig rekonstruieren, was im Laufe der vergangenen 200 Jahre verloren gegangen ist. So entsteht derzeit im Zentrum Berlins – wie die Elbphilharmonie in Hamburg durch eine Privatinitiative forciert und in diesem Fall mit Bundestagsbeschluss abgesegnet – die Rekonstruktion des 1950 abgerissenen Hohenzollernschlosses (oben). Und auch der Wiederaufbau von Schinkels Bauakademie nebenan, die 1962 dem Erdboden gleich gemacht wurde, ist bereits beschlossene Sache. Aber nicht nur in Berlin, auch in Potsdam, Braunschweig, Hannover, Frankfurt am Main oder Dresden wurde oder wird fleißig rekonstruiert. Schlösser, Kirchen und ganze Altstadtviertel, die jahrzehntelang verloren waren, feiern derzeit oder demnächst ihre Wiederauferstehung.

NEO-GRÜNDERZEIT

NEO-ZUCKERBÄCKERSTIL

BALKONTYPUS WHIRLPOOL

BALKONTYPUS BADEWANNE

GEDIEGENE INVESTORENARCHITEKTUREN

NEO-GRÜNDERZEIT

SCHLOSSTYPUS

Besonderer Beliebtheit erfreut sich eine Art Neoklassizismus, der an die Tradition der gegenwärtig beliebten Gründerzeitarchitektur anknüpft, dabei häufig jedoch eher an den stalinistischen **Zuckerbäckerstil** der 50er Jahre (▶ S. 92) erinnert. Wie bei den Gründerzeit-Originalen handelt es sich bei den Retro-Ausgaben in der Regel um Investorenarchitekturen, die versuchen, durch den Dekor Ambiente zu erzeugen.

Die Neo-Gründerzeit unterscheidet sich vom Original darin, dass die Geschosse niedriger sind und in der Regel keine Ausdifferenzierung besitzen. So wurde in der Gründerzeitarchitektur beispielsweise die erste Etage, die Beletage (franz. *bel étage*, das schöne Geschoss) meist höher und mit größeren Fensterformaten gestaltet, während in der gegenwärtigen Architektur alle Geschosse tendenziell gleich hoch sind.

Gut zu unterscheiden sind die aktuellen Gebäude auch durch die **geschlossenen Balkone**, die in ihrer Gestaltung Assoziationen mit Badewannen oder – in runder Ausführung – mit Whirlpools hervorrufen.

NEO-REDUKTIONSSTIL

PFEILERARCHITEKTUREN

STEINERNE FENSTERSTÖCKE

PFEILERPORTIKEN

NATURSTEIN

Wieder salonfähig ist auch ein stark reduzierter Neoklassizismus, der an den Reduktionsstil der Reformarchitektur anknüpft (▶ S. 45), den auch die Nationalsozialisten aufgegriffen hatten (▶ S. 80). Die repräsentativen Geschäfts- und Bürohausarchitekturen in Berlin-Mitte (oben) zeigen die charakteristischen **Natursteinverkleidungen**, die ebenfalls typischen zweigeschossigen **Pfeilerportiken**, hinter denen sich Geschäfte oder Gastronomie befinden, und z. T. sogar steinerne Fensterstöcke. Von den Originalbauten der 10er Jahre sind die Neubauten aufgrund der Verwendung von Natursteinverkleidungen auf den ersten Blick kaum zu unterscheiden.

NEO-20er (NEUES BAUEN)

Nach wie vor beliebt ist auch die Formensprache des Neuen Bauens. **Weiße** undekorierte Fassaden mit **asymmetrisch gesetzten Fenstern** unterschiedlicher Formate sind ebenso populär wie **Bandfenster**, **Eckfenster** oder gewellte und gekrümmte Wand- oder Fensterbänder. Vom Original unterscheiden sie sich im Material und in einer stärkeren Schematisierung oder durch gegenwärtig moderne Zusätze wie Fenster-Faschen (Mitte rechts).

NEO-EXPRESSIONISMUS

Aufwendige **Ziegelmuster** und **-ornamente**, die Assoziationen mit der expressionistischen Architektur der 20er Jahre evozieren, erfreuen sich gegenwärtig großer Beliebtheit. Sie lassen sich mit einer modernen Formensprache verbinden, wie das Wohnhaus in Neu-Ulm (gegenüber oben) oder die skulptural wirkende Fassade des Ökumenischen Forums in der Hamburger Hafencity (gegenüber unten rechts) zeigen. Verbreitet sind aber auch wörtliche Zitate, wie z. B. im Fall der Stadtbibliothek von Pforzheim (oben), die mit ihren horizontal gesprossten Bandfenstern (gegenüber unten links), den Terrakotta-Gesimsbändern mit den **eingespannten Fenstern** und der gerundeten Fassade kaum von Architekturen der 20er Jahre zu unterscheiden ist.

Typisch sind neben eingespannten auch **verbundene Fenster**, die mit einem betonten Streifen zu einer **horizontalen Gliederung** zusammengefasst sind.

NEO-EXPRESSIONISMUS

KLINKER-KUNST

VERBUNDENE FENSTER

HORIZONTALE SPROSSEN

KLINKER-ORNAMENTIK

NEO-50er

Rasterfassaden, **Bandfenster**, Nierentischformen, Mosaiken und **goldeloxierte Fensterrahmen** oder Leisten, die Fenster und Türen schmücken, sind gegenwärtig wieder häufiger vorzufinden. Sie unterscheiden sich von den Vorbildern aus den 50er Jahren darin, dass die Fensterprofile breiter sind und die Rasterstruktur sowie die Grundform skulpturaleren Charakter haben.

BANDFENSTER

GOLDELOXIERTE ALUMINIUMLEISTEN

RASTERFASSADEN

NIERENTISCHFORMEN

MOSAIKEN

NEO-60er

Sogar die eher ungeliebten 60er Jahre feiern in der Gegenwartsarchitektur ein Comeback, wie die Zeilenbauten in horizontaler Skelettbauweise zeigen, mit denen der Amsterdamer Nachkriegs-Stadtteil Osdorp 2002/03 nachverdichtet wurde (oben links). Aber auch der 2017 eröffnete Neubau der Folkwang Universität der Künste am Campus Welterbe Zollverein in Essen (oben rechts) weist mit seinen **scharfkantigen** Vor- und Rücksprüngen und den bündig in der Wand sitzenden **Bandfenstern** eine deutliche Formensprache der 60er Jahre auf. Lediglich das Material der Brüstungsbänder, die aus feuerverzinktem Stahl gefertigt sind, zeichnet das Gebäude eindeutig als Gegenwartsarchitektur aus.

Nachdem insbesondere die Aluminium-Formsteine der Kaufhaus-Fassaden (▶ S. 99) lange Zeit verpönt waren, erleben fantasievolle Formsteine und Waben gerade ein vorsichtiges Revival.

HORIZONTALE SKELETTFASSADEN
ZEILENBAUTEN

SCHARFKANTIGE BANDFENSTER

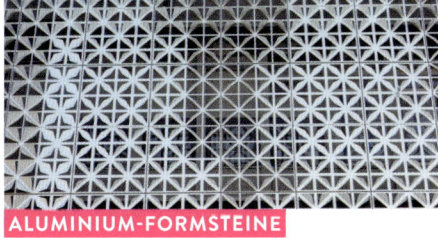
ALUMINIUM-FORMSTEINE

ALUMINIUM-WABEN

NEO-70er

Selbst die Architektur der 70er Jahre, von der sich bis vor wenigen Jahren kaum jemand vorstellen konnte, dass es jemals zu einem Revival kommen würde, ist heute wieder eine Inspirationsquelle für Architekten. **Gelutschte Fenster**, **gerundete Ecken**, Balkonbrüstungen und Bandfenster sowie organische Formen, Bubbles oder organische Sonnenblenden sind ihre Kennzeichen. Im Unterschied zu den Originalen aus den 70ern weisen die Gebäude häufig psychedelischere Formen auf und wirken z. T. grobschlächtiger.

GELUTSCHTE ECKEN

NEO-70er

BUBBLES

GELUTSCHTE BANDFENSTER

PSYCHEDELISCHE FORMEN

ORGANISCHE SONNENBLENDEN

Glossar

Arkaden sind überdachte, seitlich mit einer Bogenreihe geöffnete Gänge, die entweder von Pfeilern oder Säulen gestützt werden.

Als **Attika** bezeichnet man einen Aufbau über dem abschließenden Hauptgesims. Ein **Attikageschoss** ist ein niedrigeres Geschoss, das sich über dem Hauptgesims erhebt.

Eine **Auslucht** ist ein Erker, der ebenerdig angelegt ist und daher auch als Standerker bezeichnet wird. Ausluchten können ein oder mehrere Geschosse umfassen.

Backstein ▶ Klinker

Bandfenster oder Fensterbänder sind additiv aneinander gefügte Fenster, die die nicht tragende Eigenschaft der Fassade demonstrieren und auch übereck geführt werden können. Sie sind eine konzeptionelle Erfindung des Neuen Bauens.

Unter **Blockrandbebauungen** oder geschlossener Bauweise versteht man eine der Straßenflucht folgende Bebauung, die häufig Höfe im Blockinneren umschließt und eine repräsentative Schauseite zur Straße besitzt.

Curtain Wall ▶ Vorhangfassade

Mit dem **Eloxal-Verfahren** wird die oberste Metallschicht von Aluminium durch Veränderung der Oberfläche in eine besonders beständige Schutz- und Farbschicht verwandelt.

Faschen sind Fenster- oder Türumrahmungen, die aus Holz, Naturstein, Putz oder Farbe gestaltet sein können und entweder plastisch gearbeitet sind oder eingetieft werden.

Faserzement, besser bekannt unter dem Markennamen Eternit, ist ein durch den Zusatz von synthetischen Kunstfasern besonders widerstandsfähiges und witterungsbeständiges Material, das insbesondere in den 60er bis 80er Jahren mit Vorliebe zur Fassadenverkleidung verwendet wurde. Ende der 80er Jahre gerieten die bis dahin verwendeten Asbestfasern aufgrund ihrer gesundheitsgefährdenden Wirkung massiv in die Kritik.

Als **Fassadenarchitektur** wurde abwertend die ▶ historistische Architektur der ▶ Gründerzeit bezeichnet, deren repräsentative Fassaden nicht mit den Grundrissen und Gebäuderückseiten korrelieren.

Flugdächer sind weit auskragende Dachkonstruktionen, die die Horizontale betonen und häufig als eigenständiges Bauglied formuliert werden; z. T. sind sie sogar mit einem eigenen Stützensystem versehen.

Geschlossene Bauweise ▶ Blockrandbebauung

Profilierte **Gesimse** oder **Gesimsbänder** dienen der horizontalen Gliederung von Fassaden.

Goldeloxiertes Aluminium ▶ Eloxal-Verfahren

Als **Gründerzeit** wird die Zeit von der Reichsgründung bis zum Beginn des Ersten Weltkriegs (1871–1914) bezeichnet. Sie ist geprägt von Industrialisierung, Landflucht und rasantem Stadtwachstum. Die **Gründerzeitarchitektur** ist gekennzeichnet durch eine schnelle Bauweise, die darauf abzielte, die Wohnungsnot zügig in den Griff zu bekommen.

Historismus wird die Epoche genannt, die zeitlich auf den Klassizismus folgte und charakteristisch für die Architektur des 19. Jahrhunderts wurde. Alle Stile von der Gotik über die Romanik, die Renaissance, den Barock sowie den Klassizismus erfuhren eine neue Blüte als Neo-Stil.

Klinker ist härter gebrannt als Backstein; er weist eine versinterte, glattere Oberfläche auf und ist aufgrund seiner Wetterbeständigkeit im Gegensatz zu Backstein besser zur Verwendung im Sichtmauerwerk geeignet.

Landmark-Architekturen haben Wahrzeichen-Charakter und werden von kritischen Stimmen auch als ▶ Spektakel-Architektur bezeichnet.

Von **Laubengangerschließungen** spricht man, wenn im Geschosswohnungsbau der Zugang zu den Wohnungen auf horizontaler Ebene nicht über innen liegende Korridore, sondern über Außenbalkone erfolgt.

Lisenen sind schmale vertikale Wandvorlagen, die Fassaden meistens geschossübergreifend gliedern. Anders als Säulen besitzen sie keine Basis und kein Kapitell (Säulenkopf).

Als **Mischtypen** werden in dieser Publikation Fassaden mit unterschiedlichen Fensterformaten bezeichnet.

Die **offene Bauweise** zeichnet sich dadurch aus, dass die Gebäude als Solitäre frei im Raum, meistens umgeben von Gemeinschaftsgrün, stehen. Sie ist in Opposition zur ▶ Blockrandbebaung, auch geschlossene Bauweise genannt, entstanden.

Pfeilerportiken sind in Anlehnung an antike Säulenhallen entstanden. Anders als diese werden sie jedoch nicht von Säulen, sondern von eckigen Pfeilern gestützt.

Pilotis sind runde, eckige oder plastisch geformte Stützen. Der Begriff wurde von dem Architekten Le Corbusier geprägt.

Plattenbauweise oder Großtafelbauweise nennt man das Konstruktionsverfahren, bei dem vorgefertigte Wandscheiben oder Deckenplatten auf der Baustelle montiert werden.

Als **Punkthochhäuser** werden Hochhäuser mit annähernd quadratischem Grundriss bezeichnet.

Pylonen sind massive, monumentale Pfosten oder Stützen, die häufig nach außen gebröscht sind. Sie stammen ursprünglich aus der altägyptischen Architektur, wo sie Toranlagen von Tempelbezirken flankierten. Auch Brückenpfeiler aus Stahl oder Beton werden als Pylonen bezeichnet.

Rasterfassaden ▶ Skelettbauweise

Unter **Rohbeton** versteht man unbearbeiteten Beton, auf dem die Schalungshaut (z. B. aus Holzbrettern) sichtbar ist.

Scheibenhochhäuser sind Hochhäuser mit einem rechteckigen Grundriss.

Im Gegensatz zur Massivbauweise, bei der die Wände tragend sind, wird bei der **Skelettbauweise** ein tragendes Gerippe konstruiert, in das die nicht tragenden Wände eingespannt oder dem sie vorgehängt werden. Sind sowohl die horizontalen als auch die vertikalen Elemente sichtbar, spricht man von Rasterfassaden.

Als **Sichtklinker** wird ▶ Klinker bezeichnet, der nicht dazu bestimmt ist, verputzt zu werden.

Spektakel-Architektur ▶ Landmark-Architektur

„**Sprossen in Aspik**" werden abwertend Pseudosprossen genannt, die in Form von schmalen Stegen zwischen die Isolierglasscheiben gelegt werden, um das Fensterputzen zu erleichtern.

Stahlbeton erhält durch das Einarbeiten von Stahlgittern, -stäben oder -drähten in den Beton eine hohe Zugkraft und ermöglicht das Überbrücken großer Spannweiten. Erfunden wurde der Stahlbeton Mitte des 19. Jahrhunderts in Frankreich; mit dem Neuen Bauen trat er seinen Siegeszug an.

Als **Vorhangfassaden** oder *Curtain Walls* bezeichnet man nicht tragende, geschossübergreifende Wände, die ▶ Skelettbauten vorgehängt werden und auch aus Glas gestaltet sein können.

Charakteristisch für den **Waschbeton** ist seine Oberfläche aus (Fluss-)Kieselsteinen, die dadurch entsteht, dass ein auf die Schalungshaut aufgetragener sogenannter Kontaktverzögerer die Aushärtung der äußeren Betonschicht verlangsamt, so dass diese nach dem Entschalen „abgewaschen" werden kann und das Füllmaterial freigelegt wird.

Zeilenbauten sind eine für das Neue Bauen und den Nachkriegsstädtebau charakteristische Bauweise. Anders als in der geschlossenen ▶ Blockrandbebauung sind die Gebäude nicht parallel, sondern quer zur Straße und auf optimale Lichteinstrahlung ausgerichtet. Sie haben in der Regel Gemeinschaftsgrün mit Fußgängererschließung und können durch niedrigere Ladenpavillons oder Gemeinschaftseinrichtungen an den Stirnseiten miteinander verbunden sein.

Literaturauswahl

Harald Bodenschatz / Jörn Düwel / Niels Gutschow / Hans Stimmann: *Berlin und seine Bauten. Teil 1: Städtebau*, Berlin 2009

Adrian von Buttlar / Kerstin Wittmann-Englert / Gabi Dolff-Bonekämper (Hg.): *Baukunst der Nachkriegsmoderne. Architekturführer Berlin 1949–1979*, Berlin 2013

William Curtis: *Architektur im 20. Jahrhundert*, Stuttgart 1989

Vittorio Magnago Lampugnani: *Die Stadt im 20. Jahrhundert. Visionen, Entwürfe, Gebautes*, Berlin 2011

Paul Mebes: *Um 1800* (1908), Berlin 2001

Camillo Sitte: *Der Städtebau nach seinen künstlerischen Grundsätzen* (1889), Basel 2007

Handbücher und Nachschlagewerke

Denkmaltopographie Bundesrepublik Deutschland (Denkmale in Berlin, Hamburg, München etc.), herausgegeben von den Landesdenkmalämtern

Liste der Kulturdenkmale in Deutschland:
https://de.wikipedia.org/wiki/Bau-_und_Kulturdenkmale_in_Deutschland

Baunetz Wissen:
https://www.baunetzwissen.de

Über Hitlers Reichsautobahnen

Erhard Schütz / Eckhard Gruber: *Mythos Reichsautobahn: Bau und Inszenierung der „Straßen des Führers" 1933–1941*, Berlin 1996

Rainer Stommer: *Reichsautobahn. Pyramiden des Dritten Reiches. Analysen zur Ästhetik eines unbewältigten Mythos*, Marburg 1982

Claudia Windisch-Hojnacki: *Die Reichsautobahn. Konzeption und Bau der RAB, ihre ästhetischen Aspekte, sowie ihre Illustration in Malerei, Fotografie und Plastik*, Diss. Bonn 1989

Bildnachweis

Sofern nicht anders angegeben, stammen die Abbildungen von der Autorin.

29 links Hans Fröbe; **29 rechts** Constantin Kozák; **42 unten links** Haus Cramer von Hermann Muthesius. Foto: Turit Fröbe, mit freundlicher Genehmigung der Stanford University; **54** Villa Savoye von Le Corbusier. © F.L.C. / VG Bild-Kunst, Bonn 2018, Foto: Turit Fröbe; **59** Bauhaus-Gebäude Dessau von Walter Gropius. © VG Bild-Kunst, Bonn 2018, Foto: Turit Fröbe; **64 oben links** Einsteinturm von Erich Mendelsohn. Foto: Turit Fröbe, mit freundlicher Genehmigung des Leibniz-Instituts für Astrophysik Potsdam (AIP); **83** Robert Zinner, *Saalebrücke Hirschberg*, Plakat der Reichsbahnzentrale für den deutschen Reiseverkehr, Berlin, um 1936. Foto: © Deutsches Historisches Museum, Berlin; **109** Sainte-Marie de la Tourette von Le Corbusier. © F.L.C. / VG Bild-Kunst, Bonn 2018, Foto: Turit Fröbe; **124, 125** Vera Maas; **127** Godehard Hoffmann; **136, 137** Neue Staatsgalerie Stuttgart. Fotos: Turit Fröbe, mit freundlicher Genehmigung der Staatsgalerie Stuttgart; **140 unten rechts** Lars Fröbe; **153 oben links** Turit Fröbe, mit freundlicher Genehmigung des Hotels Das Stue, Berlin; **154 unten rechts** Marion Starzacher; **156** Gerald Distl

Ich danke …

… Gerald Distl, Hans und Lars Fröbe, Godehard Hoffmann, Constantin Kozák, Sven Kuhrau und Marion Starzacher für das Beschaffen und Zurverfügungstellen von Abbildungen.

… Hans und Ria Fröbe fürs Korrekturlesen und Testen.

… Rasmus und Nis für ihre Geduld bei endlosen Streifzügen und Fotosafaris. Außerdem bin ich Rasmus dankbar für seinen Hinweis auf die „Badewannen-Balkone".

… dem gesamten Team bei DuMont, das an der Buchproduktion beteiligt war, Birgit Haermeyer, Christine Fellhauer, Hilde Knauer, und insbesondere Andreas Rupprecht, der das grafische Konzept für das Buch entwickelt, sich tapfer dem disparaten Bildmaterial gestellt und Ruhe in meine wilden Kompositionen gebracht hat. Mein besonderer Dank gilt jedoch Vera Maas, ohne die dieses Projekt nie zustande gekommen wäre. Sie hat als Lektorin mit Leidenschaft, Begeisterung und unglaublichem Engagement das Projekt mitgedacht und gesteuert und die Buchproduktion für mich zu einem einzigartigen Erlebnis gemacht.

Dritte Auflage 2021
© 2018 DuMont Buchverlag, Köln
Alle Rechte vorbehalten

Idee und Konzeption: Turit Fröbe
Gestaltung: Andreas Rupprecht

Projektmanagement: Vera Maas
Lektorat: Christine Fellhauer
Satz: Hilde Knauer
Umschlag: Birgit Haermeyer

Reproduktion: PPP Pre Print Partner GmbH & Co. KG, Köln
Druck und Verarbeitung: DZS Grafik, Ljubljana

Printed in Slovenia
ISBN 978-3-8321-9947-0

www.dumont-buchverlag.de